ENFRENTA LA GUERRA ESPIRITUAL

Una guía para descubrir tu identidad en Cristo,
fortalecer tu fe y vencer en la batalla espiritual

NEIL ANDERSON
TIMOTHY M. WARNER

Para vivir la Palabra

MANTENGAN LOS OJOS ABIERTOS,
AFÉRRENSE A SUS CONVICCIONES,
ENTRÉGUENSE POR COMPLETO,
PERMANEZCAN FIRMES,
Y AMEN TODO EL TIEMPO.
—1 Corintios 16:13-14 (Biblia El Mensaje)

Enfrenta la guerra espiritual por Neil T. Anderson y Timothy M. Warner
Publicado por Casa Creación
Miami, Florida
www.casacreacion.com
©2025 Derechos reservados

ISBN: 978-1-960436-96-2
E-Book ISBN: 978-1-960436-97-9

Desarrollo editorial: *Grupo Nivel Uno, Inc.*
Adaptación de diseño interior y portada: *Grupo Nivel Uno, Inc.*

Publicado originalmente en inglés bajo el título:
The Essential Guide To Spiritual Warfare
Publicado por Bethany House Publishers
11400 Hampshire Avenue South
Bloomington, Minnesota 55438
Copyright © 2000 por Neil T. Anderson y Timothy M. Warner.
Todos los derechos reservados.

Todos los derechos reservados. Se requiere permiso escrito de los editores para la reproducción de porciones del libro, excepto para citas breves en artículos de análisis crítico.

Los textos bíblicos han sido tomados de la Santa Biblia, Nueva Versión Internacional® NVI® ©1999 por Biblica, Inc.©; Reina-Valera © 1960 (RVR1960) de Sociedades Bíblicas en América Latina; © renovado 1988, Sociedades Bíblicas Unidas; y Nueva Traducción viviente (NTV), © 2010 Tyndale House Foundation. Cuando se cite otra versión se indicará con las siglas correspondientes. Todas las citas son usadas con la debida autorización.

Nota de la editorial: Aunque el autor hizo todo lo posible por proveer teléfonos y páginas de internet correctos al momento de la publicación de este libro, ni la editorial ni el autor se responsabilizan por errores o cambios que puedan surgir luego de haberse publicado.

Impreso en Colombia
25 26 27 28 29 LBS 9 8 7 6 5 4 3 2 1

CONTENIDO

Introducción 5

UNO: ¿Un guerrero renuente? 17

DOS: ¿Es esto guerra espiritual o son los problemas de siempre? 43

TRES: Hacia una visión bíblica del mundo 73

CUATRO: Más que técnica 99

CINCO: En verdad, ¿quién soy? 121

SEIS: ¿A qué Dios sirvo? 143

SIETE: Mirar hacia abajo 163

OCHO: Entrenamiento intensivo para guerreros renuentes 179

NUEVE: Listo para la batalla 199

INTRODUCCIÓN

Apenas hemos comenzado el tercer milenio y la mayor parte del mundo no ha escuchado aún las buenas noticias: ¡Jesús vino a liberar a los cautivos! Aproximadamente un tercio de las naciones soberanas de este planeta se encuentran en un conflicto serio y la cifra sigue en aumento. La Iglesia alrededor del mundo está sufriendo mucho. Más cristianos fueron martirizados por su fe en cada uno de los dos últimos años del segundo milenio que en ningún otro de la historia de la Iglesia.

En Estados Unidos estamos perdiendo la guerra contra las drogas mientras que las tensiones raciales subsisten. Las tiranteces interpersonales han dado a luz balaceras sin precedente en los lugares de trabajo y en las escuelas. Los matrimonios están fracasando y las familias se están desintegrando.

Mientras realizaba algunas investigaciones para dos libros que estoy escribiendo, descubrí que estamos experimentando una epidemia de depresión en una era de ansiedad global. Incluso nuestras congregaciones tienen sus luchas. Cuatrocientos pastores en Estados Unidos han sido forzados a renunciar cada mes. Hay muchas bajas en la batalla espiritual por las almas del pueblo de Dios.

Por otro lado, también hay muchas victorias. Posiblemente estemos en el umbral del más grande avivamiento que este mundo haya visto. Desde el Pentecostés no hemos visto un crecimiento tan fenomenal de la Iglesia alrededor del mundo. África tenía menos de cinco por ciento de cristianos a principios del siglo veinte. Ahora, a inicios del tercer milenio, cincuenta por ciento son cristianos. Había apenas cinco millones de creyentes en China cuando el régimen comunista tomó el poder. Hoy en día, las aproximaciones varían entre cien y, hasta tanto como, ciento cincuenta millones de creyentes. Los estudiosos de las misiones estiman que entre veinticinco y treinta mil personas se están convirtiendo cada día a Cristo en China. Indonesia es la nación musulmana más poblada, sin embargo, el porcentaje de cristianos ha estado incrementándose tan rápidamente que el gobierno no puede calcular cifras precisas.

El movimiento de oración que está recorriendo Estados Unidos puede ser una de las señales de un avivamiento próximo. Una de las grandes contribuciones a este movimiento de oración son las *Cumbres de oración* para pastores que Joe Aldrich inició.

¿Quién hubiera pensado, incluso hace diez años, que podríamos reunir a pastores de diferentes denominaciones para orar juntos con ninguna otra actividad en la agenda más que encontrarse con Dios? Joe describe este fenómeno en su libro *Prayer Summits*.

Bill Bright, el fundador y presidente de la Cruzada Estudiantil para Cristo, se sintió dirigido por Dios para orar y ayunar durante cuarenta días. Fue tan movido por Dios durante ese tiempo que llamó a muchos líderes alrededor del mundo a unirse a él en tres días de oración y ayuno. Él estaba esperando que trescientos líderes respondieran a su convocatoria, sin embargo, llegaron seiscientos para reunirse en Orlando, Florida, del 5 al 7 de diciembre de 1994. Representaban a más de cien denominaciones y organizaciones religiosas. En su libro *El avivamiento que viene*, Bill relata la historia y hace un llamado de guerra a la oración y al ayuno. Con el fin de prepararse para el avivamiento que viene, él pensó en cinco millones de personas orando y ayunando por cuarenta días. Animado por los testimonios que escuchó después de la primera reunión de oración y ayuno, convocó otra en Los Ángeles, a la que asistieron dos mil quinientos líderes. Al siguiente año, tres mil quinientos fueron a San Luis y, desde entonces, este movimiento de oración y ayuno ha estado creciendo.

Mientras tanto, más de dos mil quinientas estaciones de radio y televisión cristianas comunican el evangelio diariamente a una audiencia de cuatro mil seiscientos millones. Tuve el privilegio de hablar con el equipo de trabajo de la emisora radial cristiana HCJB en Quito, Ecuador, en su reunión anual. Me impresionó mucho su entrega, su conocimiento y destreza tecnológica. Lo mismo sucede con Radio TransMundial y Far Eastern Broadcasting (Transmisiones del Lejano Oriente), que están trabajando con HCJB para cubrir este planeta con las buenas nuevas. Ahora pueden empacar toda una estación de radio en una maleta y transmitir el evangelio en cualquier parte del mundo. Somos la primera generación que puede decir sin reservas:

"Tenemos la tecnología para cumplir con la Gran Comisión en nuestra generación".

La Christian Broadcasting Network (CBN) se ha expandido a otros continentes. El fundador de CBN, Pat Robertson, dijo que se necesitaron veinte años para poder ver a un millón de personas orar con el fin de recibir a Cristo como resultado del ministerio de la estación, pero han visto esa cifra aumentar cinco veces en cinco años (entre 1990 y 1995). Billy Graham tuvo una cruzada vía satélite que se cree fue escuchada por dos mil quinientos millones de personas. Apenas hemos arañado la superficie de lo que puede y ciertamente será hecho con la comunicación satelital y ahora con internet y con la variedad de redes sociales que están entretejiéndose en el mundo.

La cooperación en el ministerio es otra señal significativa de que estamos por obtener una gran cosecha. Podemos estar conduciendo autos diferentes, pero los estamos manejando en un mismo reino y estamos cargando combustible en la misma estación de servicio. Hay una mayoría creciente en el cuerpo de Cristo que está harta y cansada de que los cristianos estén compitiendo y venciéndose los unos a los otros. Ya es el tiempo en el que la Iglesia se apropie personalmente de la verdad de Efesios 4:1-6:

> Yo pues, preso en el Señor, os ruego que andéis como es digno de la vocación con que fuisteis llamados, con toda humildad y mansedumbre, soportándoos con paciencia los unos a los otros en amor, solícitos en guardar la unidad del Espíritu en el vínculo de la paz; un cuerpo, y un Espíritu, como fuisteis llamados en una misma esperanza de vuestra vocación; un Señor, una fe, un bautismo, un Dios y Padre de todos, el cual es sobre todos, y por todos, y en todos.

Dios está preparando a su pueblo y lo está uniendo para la cosecha final. En su oración como sumo sacerdote, Jesús pide que todos seamos uno, así como él y el Padre son uno (ver Juan 17:21). Él no ora por el pasado ecumenismo que fue diluido por el liberalismo. Está orando porque la verdadera comunidad de los nacidos de nuevo, creyentes en la Biblia, trabajen juntos para detener la marea de liberalismo e inmoralidad, la creciente amenaza de la Nueva Era, el avance del movimiento secular universalista y la oleada de corrientes contrarias representadas por las teorías del género que, pretendiendo luchar contra la discriminación, están promoviendo toda clase de malignidades.

Se debe tener precaución para no afectar negativamente este mover. La unidad en el Espíritu no es universalismo. Pablo dice: "No os unáis en yugo desigual con los incrédulos; porque ¿qué compañerismo tiene la justicia con la injusticia? ¿Y qué comunión la luz con las tinieblas? ¿Y qué concordia Cristo con Belial? ¿O qué parte el creyente con el incrédulo?" (2 Corintios 6:14-15). Debemos mantener un compromiso inquebrantable con la Escritura sin poner nunca en entredicho nuestro carácter para producir resultados.

Por otra parte, *Misión América* es una organización que tiene como objetivo orar por cada persona en nuestra nación y hablarle de Cristo. Eso va a ser imposible a menos que el Espíritu Santo una la Iglesia como socios en el ministerio. Más de ochenta denominaciones y doscientos ministerios están cooperando para lograr esta tarea. A este esfuerzo unido para alcanzar a nuestra nación para Cristo se le está llamando *Celebra a Jesús*. No tenemos que desechar nuestras distinciones denominacionales o creencias doctrinales para preservar la unidad del Espíritu. Pero si tenemos que creer en una renovación: "Donde no hay griego, ni judío, circuncisión ni incircuncisión, bárbaro ni escita, siervo ni libre, sino que Cristo es el todo, y en todos" (Colosenses 3:11).

La única base legítima para la unidad en el cuerpo de Cristo es que cada cristiano nacido de nuevo se desarrolle como hijo de Dios. La cooperación va a requerir perdón y reconciliación. Va a demandar tolerancia con el punto de vista de otras personas sin comprometer las convicciones particulares. Debemos respetar las distinciones denominacionales de otros y relacionarnos con integridad en todos los asuntos.

Hace un tiempo, estaba dirigiendo un congreso para mil quinientos pastores y misioneros en Bacolod, Filipinas. Un grupo de adolescentes filipinos se comprometieron a orar hora tras hora durante el evento. Se arrodillaron a rogar que sus líderes en el auditorio se arrepintieran de sus errores y acordaran trabajar juntos. ¡Nunca he sido tan humillado en toda mi vida! Esa debería ser la oración de cualquier líder. Los dirigentes cristianos legítimos deberían desear la unidad del cuerpo de Cristo; lo cual es lo que pidió el Señor. ¿Será posible que la piedra de tropiezo más grande para un avivamiento mundial sean nuestros líderes cristianos? ¿Puede la Iglesia levantarse más alto que sus dirigentes?

Si usted fuera el enemigo, ¿qué haría para derrotar a la Iglesia en sus esfuerzos por alcanzar este mundo para Cristo? Así como la Biblia enseña que una casa dividida contra sí misma no puede permanecer (ver Mateo 3:25), el enemigo ciertamente va a esforzarse para dividirnos. Primero, va a trabajar en nuestra mente, porque un hombre de doble ánimo es inestable en todos sus caminos (ver Santiago 1:8). Pablo escribe: "Pero el Espíritu dice claramente que en los postreros tiempos algunos apostatarán de la fe, escuchando a espíritus engañadores y a doctrinas de demonios" (1 Timoteo 4:1). El enemigo va a intentar dividir nuestro matrimonio y nuestro ministerio. ¿Está sucediendo eso?

Otra señal de un gran despertar es la creciente conciencia de que: "No tenemos lucha contra sangre y carne, sino contra principados, contra potestades, contra los gobernadores de las tinieblas de este siglo, contra huestes espirituales de maldad en las regiones celestes" (Efesios 6:12). Podemos no estar de acuerdo en cómo luchar contra el enemigo, pero por lo menos estamos comenzando a concordar en que todos tenemos el mismo enemigo. Si no estuviéramos conscientes de ello seríamos como guerreros con los ojos vendados asestándonos golpes los unos a los otros y a nosotros mismos. No debemos permitir nunca que el diablo establezca el plan, ni atrevernos a subestimar su influencia, ni a permitir una actitud que diga: "El diablo me hizo hacer eso". Somos responsables de nuestras propias actitudes y acciones. Satanás es un enemigo derrotado, pero también es el dios de este siglo, por lo que "El mundo entero está bajo el maligno" (1 Juan 5:19). ¿Cómo vamos a alcanzar este mundo para Cristo si Satanás ha segado el entendimiento de los incrédulos (ver 2 Corintios 4:4)?

Con toda la corrupción moral imperante en la actualidad, se me antoja preguntar: "¿Por qué no simplemente regresa el Señor y termina con todo esto?". Escuché a un pastor afroamericano dar la respuesta correcta a esta pregunta mientras se dirigía a un grupo de ministros de los barrios marginales después de que el veredicto del juicio de Rodney King suscitara los alborotos de Los Ángeles. Hasta donde puedo recordar, dijo: "Hace cincuenta años el Señor miró dentro del reino de las tinieblas y me vio a mí. Si él hubiera venido en ese momento, yo estaría fuera del reino de Dios por la eternidad. El Señor no es tardo con sus promesas. Porque para él un día es como mil años. Él está esperando que el evangelio llegue hasta lo último de la tierra y entonces vendrá el fin". Nosotros buscamos anhelosamente el regreso del Señor, pero ¿cuántos de nosotros todavía tenemos un miembro de nuestra familia, un amigo, un vecino, un compañero de trabajo que todavía no lo conoce? Cuán egoísta es para nosotros orar por su regreso antes de hacer lo que podamos en esta vida para ver que todos puedan escuchar las buenas nuevas.

Otra pregunta que surge es: "¿Por qué Dios no hace algo?". ¿Qué más tiene Dios que hacer para que la Iglesia cobre vida en Cristo y cumplamos con nuestro propósito aquí en la tierra? Él ha vencido al diablo, por eso envió a Cristo a morir por nuestros pecados; nos ha dado vida eterna, nos ha equipado con su Espíritu Santo y nos ha provisto el manual de operaciones del fabricante (la Biblia) que explica el por qué y el cómo. El ingrediente que falta es nuestra respuesta en arrepentimiento y fe. Así que, ¿qué estamos esperando? ¿Una nueva Palabra de Dios? ¡El canon de la Escritura ya está terminado! La siguiente palabra nueva probablemente venga cara a cara.

¿Poder de lo alto? Ya vino en Pentecostés. Pablo escribió:

"Alumbrando los ojos de vuestro entendimiento, para que sepáis cuál es la esperanza a la que él os ha llamado, y cuáles las riquezas de la gloria de su herencia en los santos, y cuál la supereminente grandeza de su poder para con nosotros los que creemos, según la operación de su fuerza".
—Efesios 1:18-19

Ya tenemos todo el poder que necesitamos para ser y hacer todo lo que él quiere que seamos y hagamos. Así que:

"Fortaleceos en el Señor, y en el poder de su fuerza".
—Efesios 6:10

Cada día nos enfrentamos a tres enemigos que amenazan nuestra fe en Dios: el mundo, la carne y el diablo. En este libro vamos a enfocarnos principalmente en la obra de Satanás y la victoria que tenemos en Cristo. Los testimonios vienen de nuestra experiencia en el ministerio, pero los detalles han sido cambiados para proteger la identidad de sus protagonistas. Es nuestra oración que pueda entender la naturaleza de la guerra espiritual de tal manera que tenga la confianza en Dios de que la batalla ya fue ganada y que, por tanto, usted sabrá cómo estar firme en su fe.

Dr. Neil T. Anderson

UNO

¿UN GUERRERO RENUENTE?

Uno

¿UN GUERRERO RENUENTE?

Así que usted está comenzando en este asunto de la guerra espiritual. ¡Bienvenido al club! Todos estamos aprendiendo, por no decir más, y todos hemos tenido que pasar por el proceso de aprender a luchar en esta batalla.

Yo (Tim) crecí en una familia de ocho niños: cuatro chicos y cuatro chicas. Yo era el más pequeño de los varones. A esa edad no era un pendenciero. No porque no hubiera oportunidades. Había otros chicos en nuestro vecindario que siempre estaban ansiosos por una buena pelea. De vez en cuando les lanzaba algunas manzanas verdes, pero usualmente yo salía corriendo en vez de pelear.

Sin embargo, cuando terminé la escuela media superior, ya Estados Unidos se había involucrado en la Segunda Guerra Mundial, y noventa días después de la graduación me encontraba en un campo militar aprendiendo a pelear.

No le daba importancia al acondicionamiento físico tan riguroso, pero detestaba lo que tenía que ver con peleas en el entrenamiento militar básico. Los objetivos en el campo de tiro, al principio, eran los típicos círculos de colores con el blanco al centro. Sin embargo, pronto se convirtieron en imágenes de hombres, por lo que rechazaba pensar que estaba disparándole a otro ser humano.

Luego estaba la lucha mano a mano, la cual teníamos que practicar con nuestro *compañero de combate*. Fue con un muy alto y gran rechazo que aprendí cómo lastimar e incluso matar a otro hombre con mis propias manos.

Sin embargo, lo que más odiaba era el ejercicio con la bayoneta. Me enseñaron a embestir un muñeco lleno de paja, perforándolo con la bayoneta fijada en el extremo de mi rifle M-1, gruñendo y aullando como un animal feroz. No puedo pensar en muchas cosas que sean más repulsivas que eso. Sí, yo era un guerrero renuente.

Un guerrero espiritual renuente

Es probable que no cause sorpresa, pues, el que haya llevado esa misma actitud a mi vida espiritual. Aunque crecí en una familia y en una congregación absolutamente evangélicas, no fui instruido para ser un guerrero espiritual. La ruta segura era permanecer *pequeño y puro*. Cuando uno se topaba con cosas como Satanás y los demonios, lo mejor era ignorarlos. Era fácil exagerar con esas cosas, me dijeron, pero que eso no pasaría si yo ni siquiera hablaba al respecto.

Después de mi experiencia militar entré a estudiar en una buena universidad cristiana y me titulé en estudios religiosos. A eso le siguieron tres años en el seminario teológico en los que me especialicé en el estudio bíblico inductivo. Dos años después de graduarme del seminario me encontraba en un barco carguero, navegando para servir como misionero en una aldea tribal de África del Oeste. Pronto me iba a dar cuenta de que nada en mi educación cristiana ni en mis estudios bíblicos o teológicos, y ninguno de mis profesores me habían preparado para actuar sabia y eficazmente en la guerra a la que estaba entrando. Para ser más preciso, no entraba a la guerra por primera vez por el solo hecho de haberme convertido en misionero. Estaba simplemente de camino a un lugar donde los elementos de la batalla estaban más a la vista y eran mucho más difíciles de tratar. Ese también era un lugar en el que el control de Satanás sobre la gente nunca había sido desafiado con seriedad. Y yo todavía era un guerrero renuente.

Es más, aunque todavía no me había percatado, estaba entrando en una situación no muy diferente a la zona de combate de la Segunda Guerra Mundial. Lo que pasaba es que esos ejércitos eran espirituales, no físicos. Como veterano del Ejército Aliado conocía el sonido del rifle y de la ametralladora. El sonido de los proyectiles del enemigo cuando caían me era familiar. Había visto los cuerpos heridos y sin vida de mis compañeros. Las dimensiones espirituales de la batalla en la que me estaba internando no serían tan obvias, pero sí muy reales y mortales. Por desdicha, no obtuve esta perspectiva sirviendo como misionero, sino años después al estudiar la guerra espiritual.

Sí, conocía Efesios 6:12, que me decía que en realidad: "No tenemos lucha contra sangre y carne, sino contra potestades, contra los gobernadores de las tinieblas de este siglo, contra huestes espirituales de maldad en las regiones celestes". Y no solo lo sabía; lo creía. Por lo menos habría dado la respuesta correcta a cualquier pregunta que me plantearan acerca del asunto, pero esa verdad no se había transformado aún de credo formal a creencia funcional.

Mis treinta y cinco años involucrado en la educación cristiana superior me enseñaron que una persona puede completar en forma exitosa el instituto bíblico y el seminario teológico, y tener todavía la mayor parte del conocimiento archivado en el cerebro, no operando en el centro de control del corazón. Todos hablamos una teología mejor que la que vivimos en nuestra cotidianidad. Únicamente el propio Señor tuvo perfecta coherencia entre lo que profesaba y lo que practicaba. Sin embargo, en algunos casos, el cisma entre la profesión y la práctica en nosotros los humanos se ha vuelto muy profundo y ancho.

El hecho de que a menudo no hemos aprendido alguna verdad clave concerniente a la vida cristiana, o que algunos maestros bien intencionados, pero ineptos, hayan distorsionado esa verdad en alguna forma, complica mucho más este problema. En mi caso, siendo un joven creyente, tuve problemas en las dos áreas. Yo no había sido conducido a un entendimiento correcto, ni de mi identidad *en Cristo*, ni de mi relación como creyente con los demonios y Satanás.

¿Cómo puede mantener el equilibrio?

La debilidad en la disciplina de los nuevos creyentes refleja lo que yo creo es una de las tácticas favoritas de Satanás, o sea, hacer que veamos el bien y el mal como los extremos opuestos de un espectro. La verdad es que Satanás crea el mal al pervertir lo que Dios creó como bueno, lo que hace al empujar una verdad hacia cualquiera de las dos direcciones opuestas. Esto puede ser demostrado en casi cualquier asunto que a uno le interese explorar pero, en el tema de los demonios, se resume como la idea de que estos están o detrás de todas las cosas o que no están detrás de nada. Esta es una posición atractiva, porque las respuestas siempre son más fáciles en los extremos. Si están detrás de todos nuestros problemas, solo necesitamos aprender a deshacernos de ellos. Pero si la verdad está en algún lugar en el centro, necesitamos discernimiento para saber lo que es demoníaco y lo que es resultado de vivir en un mundo caído. Tal discernimiento involucra mucha más sabiduría y conlleva mucha más responsabilidad que las respuestas fáciles de los extremos.

El consejo sabio de Simón Pedro

Pedro nos da un poco de ayuda con esto en su primera carta. La forma en la que escribe hace evidente que es un hombre más sabio y viejo que aquel que vemos durante sus experiencias con Jesús en los evangelios. Él aprendió muchas cosas en su vida llena de aventuras, y en su carta relata algo de ese aprendizaje a sus lectores. Después de repasar algunas cosas básicas del mensaje del evangelio, da un mandamiento básico: "Ceñid los lomos de vuestro entendimiento, sed sobrios" (1 Pedro 1:13). Esto no parece proceder del impulsivo joven que encontramos en los evangelios. No, sino que es en verdad mayor y más sabio. Él aprendió que la lucha espiritual es una batalla para la mente. Por lo tanto, dice: "Ceñid los lomos de vuestro entendimiento, sed sobrios".

Al final de la carta, regresa al mismo tema cuando escribe:

> "Sed sobrios y velad; porque vuestro adversario el diablo, como león rugiente, anda alrededor buscando a quien devorar: al cual resistid firmes en la fe, sabiendo que los mismos padecimientos se van cumpliendo en vuestros hermanos alrededor del mundo".
>
> —1 Pedro 5:8-9

No estoy seguro de cómo es que ese *resistid* fue sustituido por *ignorad* en la mente de tantos creyentes. En verdad, si Satanás no pudiera dañar a los "buenos cristianos", como muchos han enseñado, Pedro hubiera escrito algo semejante a esto: "Sí, tenemos a este enemigo, pero no se preocupe por él. No le puede hacer nada si usted es un creyente verdadero".

Asumo que Pedro escogió esas palabras cuidadosamente, bajo la dirección del Espíritu Santo, por lo que nos manda: "Sed sobrios y velad" en relación con este enemigo. *Sobrio* es la misma palabra que usó en 1:13, y la usa otra vez en 4:7 en relación con estar preparados para el "final de los tiempos". Es muy significativo el hecho de que Pablo diga, refiriéndose a la segunda venida de Cristo: "Velemos y seamos sobrios" (1 Tesalonicenses 5:6). Estas son exactamente las mismas palabras que Pedro usa aquí al hablar de nuestra relación con el diablo. Lo que él quiere decir es que aun cuando no conozcamos el tiempo de la segunda venida, no nos debe tomar completamente por sorpresa ni desprevenidos. Debemos estar preparados para encontrarnos con el Señor sin previo aviso, sea en un rapto secreto de la Iglesia o a través de una muerte repentina. He sobrevivido a varios accidentes automovilísticos mortales. En ninguno de ellos hubiera tenido ni diez segundos para ponerme en paz con Dios. Necesitaba haber estado al día en mi relación con el Señor a fin de estar listo para encontrarme con él en cualquier momento, sin previo aviso. Necesitaba ser sobrio y estar alerta considerando la posibilidad de que pudiera ser llamado a comparecer delante del Señor sin ningún tiempo de preparación especial.

Pedro ahora nos dice que necesitamos tener la misma actitud hacia el diablo, que es el "dios" de este mundo. El apóstol afirma que necesitamos ser sobrios y velar porque:

> "el mundo entero está bajo el poder del maligno"
> —1 Juan 5:19

Creo que Martín Lutero tenía el punto de vista correcto cuando escribió su famoso himno: "Y aunque este mundo lleno de demonios amenace con derrotarnos, no temeremos, porque Dios ha querido que su verdad triunfe a través de nosotros". Estar alerta a las actividades del enemigo no es ser demonio-céntrico. Debemos ser Cristo-céntricos y estar firmes en nuestra fe. Nuestra vida, como la de Lutero, debe ser caracterizada por la confianza de que en Cristo somos más que vencedores (ver Romanos 8:37). Sin embargo, esto no quiere decir que podemos ignorar a un enemigo desesperado que está dedicado a la destrucción de nuestro testimonio y ministerio.

Pedro sabía algo de las tácticas del enemigo por sus primeras experiencias como discípulo. Recordará que fue Pedro a quien Jesús se refirió cuando dijo:

"¡Quítate de delante de mí, Satanás!"
—Mateo 16:23

La clara insinuación es que Satanás había estado poniendo pensamientos en la mente de Pedro sin que este se diera cuenta siquiera. Jesús estaba alerta a la forma en la que Satanás opera, por lo que reconoció la fuente de esos pensamientos. Pedro obviamente no estaba al corriente de ello. Todavía no había aprendido a ser sobrio ni a estar alerta. (En cualquier caso, sería algo impresionante que Jesús le dijera esas palabras a usted, ¿no es así?)

Es posible que Pedro también haya estado reflexionando en su experiencia cuando negó a Cristo en su tiempo de prueba. En el aposento alto Pedro hizo una de sus más fuertes aseveraciones acerca de su entrega a Jesús:

"Aunque me sea necesario morir contigo, no te negaré".
—Mateo 26:35

Aun así, su orgullo no le permitió estar sobrio y alerta poco tiempo después cuando fue confrontado en cuanto a su relación con Jesús por un par de sirvientas y otros que estaban observando el juicio. Él no solo negó ser seguidor de Jesús:

"Comenzó a maldecir, y a jurar: No conozco al hombre".
—Mateo 26:74

No resistió al tentador como ahora nos manda hacerlo. Jesús, de pronto, ya no era el Señor; era solo "el hombre". Desde su punto de vista más viejo y sabio, Pedro ahora pronuncia palabras de sabiduría para todos nosotros: "Sed sobrios y velad; porque vuestro adversario el diablo, como león rugiente, anda buscando a quien devorar".

Prepárese para pelear

Es peligroso estar en una zona de guerra si uno no está preparado para encontrarse con el enemigo. Durante la Segunda Guerra Mundial, serví en una unidad que arreglaba las trincheras de la resistencia enemiga que quedaban después de que las líneas principales de la batalla habían avanzado. Conducíamos hasta que encontrábamos a esa resistencia, hacíamos lo que se requería para vencerla y luego seguíamos adelante. Como no sabíamos qué tan lejos íbamos a llegar antes de encontrar al enemigo, teníamos que estar constantemente alerta buscando señales de tropas enemigas.

En un punto de ese proceso, nuestra caravana se detuvo. Yo estaba muy atrás en la larga fila de vehículos, así que no era posible saber lo que estaba sucediendo en el frente. Mientras estábamos detenidos, un conductor —a unos cuantos vehículos de donde yo estaba— se quedó dormido, y cuando se despertó en un sobresalto, descubrió que el convoy se había ido sin él. En su prisa por alcanzar al resto del grupo, se adelantó como pudo y nos guio a todos directamente a territorio en poder del enemigo. El problema era que no estábamos preparados para encontrarnos con el enemigo. El capellán y yo veníamos con los médicos de la compañía de abastecimiento, con toda clase de provisiones y equipo para apoyar a las tropas de combate, pero no estábamos armados para la batalla. Como resultado, tuvimos que dar la vuelta y emprender una retirada apresurada. No solo fue vergonzoso, sino además peligroso.

Sin embargo, muchos cristianos abordan al enemigo espiritual en esas mismas condiciones y entonces se preguntan por qué les salen mal las cosas. Es bastante terrible encontrarse con el enemigo cuando uno está preparado. Es totalmente otra cosa encontrarse con él cuando uno *no lo* está. El problema es más complicado cuando se habla de guerra espiritual, porque el enemigo no es visible a nuestros ojos. Uno normalmente no tiene problemas para identificar a un tanque o soldado enemigo, aunque el camuflaje puede ser algo engañoso incluso con un enemigo físico. Sin embargo, con un adversario espiritual, la necesidad de ser sobrios y velar se incrementa en forma significativa.

Aprendí algo acerca de eso hace algunos años cuando estaba en Reno, Nevada, para ministrar en una iglesia. Estaba con otros hombres y decidimos visitar uno de los casinos de apuestas famosos, no para jugar, solo para ver; como turistas. Era la primera vez que iba a un lugar como ese, y muy pronto quedé absorto por todas las cosas fascinantes que estaban sucediendo a mi alrededor. Los talladores —que manejan las fichas y el dinero de las apuestas— obviamente eran muy hábiles manipulando las cartas. Las ruletas me causaban todavía más curiosidad que las fotografías que había visto de esas cosas. Cierta mujer estaba jugando en tres tragamonedas, ¡al mismo tiempo! Tenía una mano llena de monedas, insertaba una en cada máquina sin tirar el resto al suelo y bajaba la palanca de la máquina con la otra mano. Es obvio que había hecho esto muchas veces antes, porque ella ponía las monedas en las ranuras y bajaba las palancas a un ritmo casi en perfecto. Estaba fascinado viéndola.

Sin embargo, en esos momentos comencé a preguntarme a mí mismo: "¿Qué está sucediendo aquí? ¿Por qué está, esta gente, aquí? ¿Qué es lo que están buscando? ¿Qué es lo que están encontrando?". De pronto mi fascinación se convirtió en repulsión, por un lado y, por el otro, en preocupación por los que estaban jugando. Una parte de mí quería salir de esa guarida de iniquidad y la otra quería rescatar a la gente atrapada en la trampa del enemigo. Ahí comencé a entender lo que quería decir Pablo cuando les escribió a los corintios diciendo:

> "Porque el amor de Cristo nos constriñe ... De manera que nosotros de aquí en adelante a nadie conocemos según la carne".
>
> —2 Corintios 5:14, 16

Es tan fácil ver solo el lado humano y físico de la vida que tendemos a olvidar que:

"Las cosas que se ven son temporales, pero las que no se ven son eternas".
—2 Corintios 4:18

Una de las estrategias de Satanás es hacernos pensar y vivir dentro de los límites del mundo espaciotemporal. Obviamente ha tenido mucho éxito con la estrategia en occidente. Nuestra cultura nos condiciona a pensar de esta manera. La educación pública se basa sobre la premisa de que vivimos en un mundo evolucionado, sin perspectivas eternas; por lo tanto, se considera que los asuntos religiosos pueden ser eliminados del programa de estudios sin que se pierda nada en el proceso.

Ese tipo de razonamiento facilita que creamos que podemos ignorar al diablo en vez de resistirlo. El mal llamado pensamiento "ilustrado" no está realmente ilustrado. Es el responsable principal de eliminar a Dios y la verdad eterna de sus posiciones centrales. Pablo advirtió:

"Mirad que nadie os engañe por medio de filosofías y huecas sutilezas, según las tradiciones de los hombres, conforme a los rudimentos del mundo, y no según Cristo".
—Colosenses 2:8

Sin embargo, no puede haber duda de que el mandamiento de Pedro todavía tiene vigencia, aun en esta era "ilustrada". Necesitamos ser sobrios y velar cuando hablamos acerca de todas las cosas espirituales, lo que incluye a nuestro enemigo espiritual.

Es una guerra mundial

Otra observación acerca de este pasaje de Pedro es que la batalla no se limita a algunos lugares en el mundo. Pedro dice que: "Los mismos padecimientos se van cumpliendo en vuestros hermanos en todo el mundo" (1 Pedro 5:9). Satanás y los demonios están activos, no solo en las sociedades analfabetas, tribales, sino también en el sofisticado e ilustrado mundo occidental. Las tácticas de Satanás pueden variar un poco en el occidente, pero él todavía está consagrado a destruir la obra de Dios en cualquier lugar y tiempo en el que encuentre ocasión. Jesús dijo que el enemigo viene para robar, matar y destruir, y no limita esa actividad a ninguna posición geográfica.

> El ladrón no viene más que a robar, matar y destruir; yo he venido para que tengan vida y la tengan en abundancia.
> —Juan 10:10

De modo que, así como no creemos que la vida está completamente dominada por Satanás y su ejército de demonios, tampoco pensamos que podemos simplemente ignorarlos. Las advertencias bíblicas acerca de Satanás y los demonios están dirigidas, todas, a los creyentes, y nuestra actitud básica debe ser la de sobriedad y estar alertas. Para ponerlo de otra manera, necesitamos tener discernimiento espiritual. Necesitamos visión espiritual para percibir cuando estamos tratando con este enemigo ingenioso.

Aprenda a localizar al enemigo

En este momento alguien podría objetar: "Sí, pero ¿no se necesita un montón de enseñanza teológica para poder hacer eso? Está bien que ustedes digan estas cosas, pero ¿cómo puede un 'cristiano ordinario' esperar tener ese tipo de discernimiento?".

Jesús dio una respuesta bastante sencilla a esa pregunta. Él dijo que sus ovejas conocen la voz del pastor:

"Mas al extraño no seguirán, sino huirán de él, porque no conocen la voz de los extraños".
—Juan 10:4-5

Conocer la voz del Pastor (Cristo) no es un asunto de formación académica. Es el resultado de invertir mucho tiempo con él. Eso viene de escucharlo tanto que su voz y su verdad se vuelvan fácilmente reconocibles, de modo que comencemos a comparar lo que no es verdadero con cualquier voz que esté sugiriendo cosas contrarias a lo que el pastor ha dicho. Algunas de las personas con mayor discernimiento que conozco, que saben reconocer la voz del Pastor y la del enemigo, viven en lugares del mundo donde la educación teológica formal todavía no existe. Eso siempre depende de la intimidad de la relación que uno tenga con el Pastor.

La idea subyacente a la *sobriedad* es muy relevante aquí. La palabra griega traducida como *sobrios*, en la versión RVR1960, es una traducción precisa y literal. La palabra puede significar "no estar embriagado", ya sea con vino o con alguna bebida fuerte. En el Nuevo Testamento, sin embargo, casi siempre se utiliza como una figura de lenguaje para indicar: no embriagado con las ideas y las cosas del mundo. Una persona sobria es la que pone por obra la exhortación de Pablo que dice:

"No os conforméis a este siglo, sino transformaos por medio de la renovación de vuestro entendimiento".
—Romanos 12:2

Como la paráfrasis de Phillips en cuanto a lo que afirma Pablo: "No permitan que el mundo alrededor de ustedes los prense en su propio molde, al contrario, dejen que Dios remodele sus mentes desde adentro". Una persona sobria es alguien cuyo pensamiento ha sido conformado por la verdad de Dios y no por la cultura en la que vive.

Nuestra cultura nos dice que los espíritus no tienen importancia en nuestro mundo. Se piensa que las relaciones causa-efecto casi siempre pueden ser explicadas en términos científicos bioquímicos o con el razonamiento lógico de la naturaleza humana caída. La educación superior no le ha puesto mucha atención a la realidad del mundo espiritual. El racionalismo y el naturalismo occidentales afectan nuestro sistema educativo y, por lo tanto, son absorbidos por los estudiantes sin darse cuenta de lo que está sucediendo. Comenzamos a hacer suposiciones erradas acerca de la vida porque no hemos examinado esas suposiciones. Las personas sobrias son las que aprenden a hacer las preguntas correctas basados en su relación con Dios y en el entendimiento de que todo lo que él ha dicho es verdad. Esto significa, por un lado, que no van a vivir temiendo a ese enemigo espiritual, porque las Escrituras son claras en cuanto a que él ya fue derrotado por Cristo a través de la cruz y de la resurrección, y que esa victoria está a nuestra disposición como hijos de Dios. Pero por el otro lado, no van a simplemente ignorar a ese enemigo, sino que lo van a resistir: "Firmes en la fe" (1 Pedro 5:9); creyendo que en Cristo somos: "Más que vencedores" (Romanos 8:37).

Conozca a Dios, pero también a su enemigo

Nuestra prioridad máxima es conocer a Dios pero, si en realidad estamos en guerra contra un enemigo astuto y experimentado, necesitamos conocer todo lo que podamos acerca de él. Una de las primeras leyes de la guerra —cualquier clase de batalla— es conocer al enemigo. Pablo les dijo a los corintios que: "No ignoramos sus maquinaciones [las del diablo]". Él no ignoraba la manera de pensar del diablo; los corintios deben haber notado eso por el juego de palabras en el idioma en el que ellos leyeron la carta. La palabra para *no ignoramos* y el vocablo *maquinaciones* están basados en la misma raíz, que es el término *mente*. No saber cómo piensa el enemigo ni cómo actúa le da una ventaja estratégica sobre usted. Esta es la razón por la que los gobiernos desarrollan extensos programas de recopilación de inteligencia. Con el fin de protegerse a sí mismos, quieren saber lo más que puedan de su enemigo o de un enemigo potencial.

Durante la Segunda Guerra Mundial la unidad en la que yo servía estaba asignada a un punto para tomar posiciones frente a lo que se conoció como la Línea Sigfrido. La Línea Sigfrido era un conjunto de fortificaciones defensivas con una vasta infraestructura frente a la frontera entre Alemania y Francia. Con solo mirar el paisaje, uno nunca se habría imaginado que ese tipo de estructura defensiva estaba en ese lugar. Sin embargo, *sabíamos* que lo que parecía ser un edificio de apariencia inocente era, en realidad, un bunker de concreto bien camuflado que albergaba artillería pesada. Para atacar a algunos soldados en un edificio rural hubiéramos enviado un escuadrón de infantería armado con rifles y granadas de mano. Para atacar esos edificios altamente fortificados, llamamos a la Fuerza Aérea a fin de que preparara las condiciones. Conocer a nuestro enemigo hizo toda la diferencia.

Hace unos años, Estados Unidos participó en la Guerra del Golfo Pérsico. Otra vez, gracias a la efectiva recopilación de inteligencia sabíamos en donde tenía el enemigo sus mejores tropas, las trampas para tanques y los campos minados. La filosofía *ignore al enemigo* hubiera dicho: "Tenemos el mejor y más grande ejército del mundo, las armas más sofisticadas, las bombas más inteligentes. Simplemente vayamos y arrasemos con ellos". Eso nos hubiera conducido a un ataque frontal justo en el corazón de las defensas del enemigo. Pero como lo conocíamos —sabíamos cómo pensaba— pudimos rodear sus defensas y ahorrarnos mucho sufrimiento y muchas vidas. Insisto, esto no significa que seamos enemigos egocéntricos en nuestra manera de pensar. No se necesita ese tipo de concentración para saber cómo opera. Pero si no conocemos sus tácticas, le damos una ventaja táctica sobre nosotros. Dios dijo a través de Oseas:

"Mi pueblo fue destruido, porque le faltó conocimiento".

—Oseas 4:6

Esa falta de conocimiento es, a menudo, ignorancia de la Palabra de Dios y de sus indicaciones en cuanto a cómo debemos vivir, pero se aplica igualmente a lo que se refiere a ignorar sus advertencias acerca del enemigo. La mayoría de los creyentes no son capaces de decir con Pablo: "No ignoramos sus maquinaciones".

La propia Biblia nos brinda el equilibrio que necesitamos. Cristo es el foco de atención de la Escritura. No hay pasajes extensos sobre demonología. Por lo tanto, nuestro primer foco de atención debe ser conocer a Dios y sus caminos. Si conocemos la verdad, entonces podemos detectar fácilmente los engaños del padre de mentira. Dios no revela los caminos y las diligencias de Satanás en detalle, porque cambian. Cristo es *el* camino, pero Satanás tiene muchos caminos. Jesús es la verdad; Satanás es el padre de mentira.

Los agentes federales no estudian el dinero falso. Ellos analizan el dinero verdadero, con el fin de detectar las falsificaciones. Sin embargo, para proteger a la gente, ellos saben cómo trabajan los falsificadores. De la misma forma, las Escrituras no nos dan un organigrama claro y bien ordenado del reino satánico. Pero afirman la realidad de este enemigo y proveen la instrucción que necesitamos para vivir triunfando sobre él. Satanás y los demonios tuvieron un papel muy importante en la enseñanza y el ministerio de Jesús. Él ciertamente no ignoraba a ese enemigo, cosa que nosotros tampoco debemos hacer. Nunca se nos dice que no vamos a tener que luchar. Al contrario, se nos asegura que sí. Esa es la razón por la que debemos ser sobrios, velar y estar preparados para resistir *firmes en la fe* (ver Santiago 4:7, 1 Pedro 5:8, 9). No podemos ejercitar la fe en aquello que no conocemos o que no creemos.

No peleamos en esta guerra para determinar quién va a ganar. Eso ya se decidió de una vez por todas en la crucifixión y la resurrección (ver Colosenses 2:15; Hebreos 2:14-15). Pero hemos sido llamados a apropiarnos de esa victoria y a usar los recursos provistos para nosotros por el Capitán de nuestra salvación hasta que nos llame a casa o hasta que el enemigo sea consignado a su destino final: el lago de fuego.

Por tanto, ¿de qué tengo miedo?

Si Cristo ha conquistado realmente a Satanás y si nosotros, como hijos de Dios, participamos de esa victoria, ¿por qué tan a menudo retrocedemos temerosos con solo pensar en Satanás y sus demonios? ¿Por qué tratamos de escapar de la batalla negando que existe?

Algunas personas justifican su falta de resistencia activa por suponer que solo algunos son llamados a resistir al enemigo y que tienen un don especial para hacerlo. Las Escrituras no hablan de tal don. Todos los cristianos deben vestirse la armadura y usar las armas en esta guerra. Todos los cristianos deben someterse a Dios y resistir al diablo.

Cuando la gente escucha que nosotros (tanto Neil como Tim) formamos parte del equipo de profesores de los seminarios evangélicos más prestigiosos, frecuentemente nos preguntan lo que nuestros colegas profesores piensan de nuestra enseñanza y práctica en esta área. Algunos reconocen la necesidad de enseñanza bíblica equilibrada, pero se alegran de que no tienen que impartirla. Algunos ni siquiera quieren pensar en ello. Para otros no es algo académicamente sustentable y, a algunos —de hecho— les da miedo tratar con eso. Sí, puede haber temor de involucrarse con el enemigo incluso entre aquellos que podría pensarse que tienen el conocimiento bíblico más completo sobre este asunto.

El problema es, como ya lo hemos resaltado, que nuestra fe es a menudo formal pero no funcional. Sabemos la verdad en nuestra cabeza, pero no llega a nuestro corazón, de donde mana la vida (ver Proverbios 4:23). El conocimiento teológico, incluso el teológico ortodoxo, no necesariamente se traduce en una aplicación práctica de la vida diaria. Esto era evidente en la vida de Israel en el Antiguo Testamento. Dios dijo a través del profeta:

> "Este pueblo se acerca a mí con su boca, y con sus labios me honra, pero su corazón está lejos de mí".
> —Isaías 29:13

Jesús dijo de los líderes religiosos de su tiempo, que podían citar la ley y los profetas, que eran como tumbas que se veían bien por fuera, pero que por dentro estaban llenas de huesos de muertos (ver Mateo 23:27). Jesús insistió en que:

"Por sus frutos los conoceréis".
—Mateo 7:16

Pablo se los expresó claramente a los corintios:

"Porque el reino de Dios no consiste en palabras, sino en poder"
—1 Corintios 4:20

Acerca de este versículo Juan Calvino dijo: "Cuán pequeño es un asunto si cualquiera tiene la habilidad para disertar elocuentemente acerca de él, mientras no produce nada sino solo un reteñir vacío".

Algunas veces, cuando una persona me desafía a que también ministre a los que manifiestan actividad demoníaca junto con los demás problemas que la gente me trae, digo: "Bien. Déjame traerte el siguiente caso difícil que tenga, y que involucre actividad demoníaca, y puedes mostrarme cómo les ministrarías". Eso no es usualmente lo que tienen en su mente. Descubrí muy temprano en mi experiencia que era mucho más fácil estudiar acerca de este tema, e incluso enseñar acerca de él, que practicarlo.

Satanás lo sabe y siente un placer especial cuando los cristianos dicen con sus acciones que le tienen miedo. Satanás debería estar huyendo del cristiano, no el cristiano de Satanás. Desdichadamente, este enemigo ha sido capaz de usar el temor para sacar a muchos soldados de la batalla. Sin embargo, el temor de Dios —no el temor del diablo— es el principio de la sabiduría.

Un hombre que vino a consejería me dijo que había estado en el instituto bíblico, estudiando para ser misionero, cuando sus hijos comenzaron a tener molestias nocturnas; las cuales él entendió que eran de origen demoníaco. También asumió, a lo mejor correctamente, que los ataques eran causados por su consagración al servicio misionero. Él dijo: "Yo no quiero que mis hijos estén pasando por esto, así que me voy".

Dejó la escuela y abandonó su llamado al ministerio. Mi respuesta fue: "Tú piensas que has puesto a tus hijos a salvo. Pero probablemente los hayas puesto en el lugar más peligroso del mundo. Con eso le has dicho al diablo: 'No conozco un poder mayor que el tuyo. Así que, si dejas a mis hijos en paz, yo te dejo en paz'".

Satanás siempre está dispuesto a cerrar un trato como ese. Le encanta escuchar a los cristianos expresar ese tipo de temor. Temer algo o a alguien fuera de Dios es incompatible con una fe genuina en él. El problema con tales acuerdos es que Satanás es un mentiroso y no tiene ninguna intención de cumplir con su parte del trato.

Un pastor estaba aconsejando a una persona que comenzó a manifestar estar bajo control demoníaco, con la evidencia de poseer fuerza sobrenatural. Esto produjo miedo en el pastor, por lo que su respuesta fue retroceder y decirse a sí mismo: "Mejor voy a dejar que alguien más se encargue de cosas como estas". Por lo tanto, el temor a Satanás hizo que otro siervo más del Señor se retirara del calor de la batalla y dejara de ser una ayuda real para aquellos que están sufriendo los ataques del diablo.

El problema no es realmente el miedo. El miedo es una respuesta normal. Por tanto, no deberíamos permitir que el temor nos controle. Deberíamos decidir actuar en fe sobre la victoria que ha sido ganada para nosotros en la cruz.

> "Porque no nos ha dado Dios Espíritu de cobardía, sino de poder, de amor y de dominio propio".
> —2 Timoteo 4:7

En la experiencia de Josué podemos encontrar un ejemplo de esto, cuando Dios lo comisionó para dirigir al pueblo de Israel y llevarlo la tierra prometida. Dios le dijo a Josué: "Esfuérzate y sé valiente" (Josué 1:6-7, 9). No lo dijo una sola vez, sino tres. ¿Por qué necesitaba Josué ser valiente? Porque la conquista de Canaán no iba a ser fácil. Todavía había gigantes en la tierra, los mismos que los espías habían visto cuarenta años antes. Josué, de hecho, había sido uno de esos espías, así que sabía de los gigantes y de las ciudades con murallas dobles.

La valentía no es la ausencia de temor. Es una acción firme en la presencia del temor. No hay necesidad de valentía si no hay temor involucrado. Esa es la razón por la que Satanás es la fuente del desánimo. Él no quiere que actuemos con valentía, así que nos desanima. Dios es el que nos levanta. Él es quien quiere que actuemos con valentía, así que nos reanima. Y Dios ha provisto las bases sobre las cuales podemos actuar con valentía. No es solo una cuestión de cantar en la oscuridad para espantarnos el miedo.

Es más decidir actuar basado en lo que Dios es y lo que ha hecho, que operar de acuerdo a las circunstancias desde una perspectiva humana.

¿Todavía un guerrero renuente?

Así que, nosotros los autores, ¿todavía somos guerreros renuentes? En cierto sentido, sí. No disfrutamos involucrarnos en la batalla, aun cuando tengamos la victoria asegurada. Pero mientras aprendíamos acerca de la guerra espiritual, parecía esencial enseñarles a los estudiantes de teología, que se estaban preparando para el servicio pastoral o misionero, cómo pelear esta batalla. Por esa razón incluimos cursos para hacer exactamente eso. Una de las recompensas de nuestra enseñanza ha sido reunirnos con graduados alrededor del mundo que nos han dicho que nuestro curso sobre este tema fue uno de los más importantes que ellos tomaron.

Sin embargo, no solamente los ministros y los misioneros necesitan aprender a pelear. Cada creyente va a enfrentar al mismo enemigo espiritual, por lo que no debemos permitir que Satanás nos intimide y nos haga huir de la batalla. Hasta que Cristo regrese, la batalla va a seguir, pero somos más que vencedores por medio de aquel que nos amó (ver Romanos 8:37), por lo que debemos vivir en esa victoria.

DOS

¿ES ESTO GUERRA ESPIRITUAL O SON LOS PROBLEMAS DE SIEMPRE?

Dos

¿ES ESTO GUERRA ESPIRITUAL O SON LOS PROBLEMAS DE SIEMPRE?

Vivimos en una era de atajos y remedios acelerados: restaurantes de comida rápida, comidas instantáneas (de lata o de cajita), platillos individuales listos para calentarse en el horno eléctrico o en el de microondas, cajeros automáticos, medicinas de venta libre, farmacias de ventanilla y, por supuesto, el internet y las múltiples redes sociales. Nosotros, los de las generaciones anteriores, recordamos cuando la mayoría de las comidas se elaboraban a partir de ingredientes separados desde el principio, cuando la carpintería se hacía completamente con herramientas manuales, cuando las operaciones bancarias se realizaban más con un empleado ejecutivo que con una máquina, cuando había operadoras de teléfono en lugar de máquinas contestadoras y cuando no era extraño caminar al trabajo o a la escuela.

En el vertiginoso mundo del siglo veintiuno, es muy tentador tratar de encontrar un atajo o un remedio rápido a nuestros problemas espirituales. Sin minimizar la posibilidad de que Dios intervenga en nuestra vida en tiempos de una necesidad especial con su propio "remedio instantáneo", es seguro decir que normalmente él espera que usemos los recursos que nos ha dado para resolver los problemas cotidianos. Nos hizo a su imagen, con la habilidad para pensar, sentir y tomar decisiones, por lo que nos anima a usar esas destrezas.

Algunas veces, cristianos bien intencionados sugieren que deberíamos esperar que Dios tome todas las decisiones por nosotros. Nos dicen: "Quítate del asiento del conductor y deja que Dios se encargue". Aunque hay un elemento de verdad en ese pensamiento, esa no es la manera en la que funciona. Una mejor ilustración es la de un joven al timón de un barco, con el Señor Jesús de pie detrás de él como su instructor, con la mano puesta sobre su hombro. Hay algunas cosas que en efecto solo Dios puede hacer, como crear algo de la nada, sostener el universo con la palabra de su poder, definir la verdad y proveer redención al hombre caído. Sin embargo, hay otras cosas para las que Dios nos ha equipado, por lo que no va a hacer esas cosas por nosotros. Él va a estar allí para ayudarnos e instruirnos, pero no va a permitir que dejemos de usar nuestra mente.

Él no llena nuestra mente con el conocimiento de su Palabra, de manera automática. Nosotros tenemos que leerla, estudiarla, memorizarla, meditar en ella y obedecerla. Tenemos que ponernos la armadura que él ha provisto para nosotros. Tenemos que enfrentar las circunstancias cambiantes de nuestra vida con los recursos que están disponibles para nosotros como hijos amados. Tenemos que usar nuestra habilidad para tomar decisiones. Él nos va a ayudar en el proceso y nos va a corregir cuando hagamos malas decisiones, pero nunca nos va a decir que seamos pasivos, ni mental ni volitivamente.

Vivimos en un mundo caído, por lo que nuestro Señor nos ha dicho muy claramente que: "En el mundo tendréis aflicción". Por dicha para nosotros, el versículo no termina ahí. Jesús sigue hablando y afirma:

> "Pero confiad, yo he vencido al mundo".
> —Juan 16:33

Aun así, el triunfo prometido no nos libra de la aflicción. Eso es similar a lo que escuchamos que Dios le dice a su pueblo en el Antiguo Testamento:

> "Cuando pases por las aguas, yo estaré contigo; y si por los ríos, no te anegarán. Cuando pases por el fuego, no te quemarás, ni la llama arderá en ti".
> —Isaías 43:2

Al pueblo de Dios no se le prometió que no iba a pasar por el fuego o por las corrientes de aguas. Solo se le dio la seguridad de que Dios iba a estar presente en tales circunstancias.

Así que podemos esperar cualquier situación difícil que se nos presente. A Jesús también le sucedió eso: "Aunque era Hijo, por lo que padeció aprendió la obediencia" (Hebreos 5:8). Los tiempos de aflicción y sufrimiento no siempre son obra de Satanás, por lo menos en sentido directo. En definitiva, él es la fuente de todo lo que es malo pero, aunque introdujo las influencias corruptoras al mundo, él no necesita estar recreando el mal cada vez que aparece. No le demos más reconocimiento o atención de lo que merece, ni nos disculpemos a nosotros mismos por hacer las cosas que Dios nos ha encomendado que hagamos.

Una de esas cosas es tener dominio propio en el uso de nuestra mente. Dios espera que usemos nuestra mente para pensar y nuestra voluntad para decidir. Él no dice que, si confiamos en él lo suficiente, va a hacer decisiones que debemos tomar nosotros. Al contrario, nos anima a que usemos las cualidades que reflejan su imagen en nosotros, las cuales incluyen nuestra mente y nuestra voluntad. Esto no es para decir que Dios no nos guía. Sí lo hace, pero no premia la pereza intelectual. Eso es mala administración del don de la inteligencia que él nos ha dado. Nos dimos cuenta de esta verdad en el capítulo uno cuando escuchamos tanto a Pedro como a Pablo decir que debemos ser *sobrios y velar*.

Debemos notar aquí que la pasividad mental no solo constituye mala gestión de la mente que Dios nos ha dado, sino que es una de las cosas más peligrosas que podemos hacer espiritualmente. Eso nos hace vulnerables al engaño del diablo.

Sin embargo, en nuestra búsqueda de remedios instantáneos podríamos llegar al extremo de que, si pudiéramos encontrar al demonio correcto para echarlo fuera, entonces podríamos resolver casi cualquier problema. Aunque es cierto que existe una dimensión espiritual para todos los problemas humanos, muy pocas veces es verdad que nuestro problema se resuelve simplemente con echar fuera un demonio. Ha venido gente a preguntarnos si hacemos exorcismos porque, dicen, que tienen un demonio y se quieren deshacer de él. Lo que contestamos, por lo general, a tales personas es: "Solo tenemos respuestas cristianas a problemas mundanos. Si usted está interesado en buscar las respuestas de Dios para su vida, entonces nos interesa ayudarle. Pero si simplemente se quiere deshacer de un demonio para seguir adelante con sus propios planes con su vida, no podemos prometerle ninguna ayuda".

¿Qué es la guerra espiritual?

Si la guerra espiritual no es solamente andar por ahí reprendiendo al diablo y deshaciéndonos de los demonios, entonces ¿qué es? La batalla principal es entre el reino de las tinieblas y el reino de Dios, entre el anticristo y Cristo, entre el padre de mentira y el Espíritu de verdad; por lo que estamos en esa batalla, lo queramos o no. El lugar determinante de esta batalla es nuestra mente. Sea que creamos mentiras que nos mantengan en cautiverio o que creamos la verdad que nos hace libres. Así que, definimos *guerra espiritual* como la batalla de la mente.

Nuestras habilidades para pensar, sentir y tomar decisiones (nuestra mente, emociones y voluntad) están enlazadas intrincadamente entre ellas. Interactúan de muchas formas.

Aun así, es apropiado decir que todo comienza en la mente. Lo que pensamos de casi cualquier cosa en la vida es lo que determina cómo nos sentimos y cómo actuamos. A menudo parece que las emociones son el factor determinante, pero las emociones tienen tanto valor como la verdad en la cual se basan. Son muy reales y nos pueden conducir a acciones significativas, pero todas ellas hunden sus raíces en lo que pensamos de las circunstancias de la vida, sea esos pensamientos verdaderos o falsos.

Cada acción es producto de nuestros pensamientos.

"Porque cuál es su pensamiento en su corazón, tal es él".

—Proverbios 23:7

La voluntad solo puede actuar conforme a lo que la mente sabe. La información incorrecta, la falta de conocimiento o un sistema de creencias defectuoso pueden conducir a acciones no deseadas e incluso a acciones destructivas. Satanás sabe eso, lo cual explica por qué el engaño es su primera táctica. Esta también es la razón por la que, como nos dimos cuenta en el capítulo uno, Pedro nos dice: "Ceñid los lomos de vuestro entendimiento, sed sobrios" (1 Pedro 1:13). Él quiere que entendamos que, si podemos ganar la batalla de la mente, podemos ganar la batalla contra Satanás como engañador.

Sin embargo, la batalla de la mente es mucho más que luchar por tener la información correcta. Es una cuestión de tener una fe funcional que se base en la verdad. Es posible conocer la verdad intelectualmente, pero no aplicarla a la vida nunca. Por ejemplo, estuve hablando hace un tiempo con un colega acerca de un libro que yo había encontrado muy desafiante. Mi amigo conocía al autor a un nivel personal, por lo que me dijo: "El único problema es que el que lo escribió no practica lo que escribe".

Esta es una posibilidad real para muchos de nosotros. Nuestro conocimiento puede funcionar más allá de nuestra creencia funcional y, por lo tanto, más allá de cómo vivimos.

Hay una diferencia fundamental entre el cerebro y la mente. El primero es un organismo que el segundo usa. Para ponerlo en términos computacionales, el cerebro es el *hardware* y la mente es el *software*. Uno puede tener una computadora que funcione perfectamente bien, pero si el programa del *software* tiene errores, el resultado puede ser desastroso. En lenguaje de computadoras: "Si entra basura, sale basura". Cuando estaba haciendo mi tesis doctoral, estuve con un colega en el centro de computación de la universidad y observé que una computadora de gran tamaño imprimía correlaciones estadísticas complicadas para catorce variables enlistadas en un lado de la hoja de papel y veintiún variables enlistadas en la parte superior. Habría tomado meses haber hecho todas esas operaciones matemáticas a mano. Era una maravilla tecnológica (más en 1967 que en el año 2000). El único problema era que todas las respuestas estaban mal porque la computadora no había sido programada para manejar los datos apropiadamente. De la misma manera, el cerebro humano solo puede funcionar de acuerdo con cómo ha sido programado.

Si no estamos llevando vidas responsables ni dando fruto, entonces debemos revisar lo que creemos y cómo pensamos. La vida se reduce al principio que dice que si creemos bien viviremos bien, pero necesitamos entender que la parte del creer correcto es más que conocimiento correcto.

Creer es más que una confesión

Hay un dicho que reza: "Lo que haces grita tan fuerte que no puedo escuchar lo que dices". Esto puede declararse como un principio de vida: la gente no puede vivir lo que profesa, pero siempre va a vivir lo que cree. Esto es lo que quería decir Jesús cuando afirmó:

> "Por sus frutos los conoceréis".
> —Mateo 7:20

La confesión de lo que creemos se basa, a menudo, en la verdad que nos han enseñado los hombres, cosas que hemos leído en libros o las que hemos aprendido en la escuela, y no hay nada mal con ese tipo de aprendizaje. Sin embargo, la fe que cambia vidas se basa en la verdad enseñada por el Espíritu. La confesión es lo que conocemos con nuestro cerebro. La fe es lo que se alberga en nuestro corazón. La confesión ortodoxa es lo que nos ayuda a pasar los exámenes teológicos e incluso los de ordenación al ministerio. La fe ortodoxa es lo que nos habilita para vivir para la gloria de Dios. La mente es el campo de batalla. Allí es donde se ganan o se pierden las guerras. Esa es la razón por la que Pablo decía que usted puede y debería ser transformado por medio de la renovación de su entendimiento (ver Romanos 12:2).

Satanás es el maestro del engaño

Satanás no quiere que el proceso de transformación se efectúe. Él sabe que, si puede controlar lo que creemos, puede controlar cómo vivimos. Los demagogos, dictadores y líderes de sectas han usado esta táctica por años, pero todo comenzó con el propio diablo. Pablo dijo de tales líderes malvados que era un caso de engañar y ser engañado (ver 2 Timoteo 3:13). Satanás primero engaña a los líderes, los que a su vez engañan a otros. Decir que fueron engañados no los exime. Todos somos responsables de lo que pensamos y decidimos creer.

Cuando vemos las sectas y las dictaduras desde afuera, nos parece sorprendente que la gente pueda ser conducida en cautiverio a ideas que son patentemente falsas. Pero esa es la manera en la que obra el engaño. La mentira es dicha tan convincentemente y tan a menudo que pronto parece ser verdad. Es un método para controlar gente probado por el tiempo y ninguno de nosotros se salva de esa posibilidad.

Considere el hecho de que este proceso comenzó en el huerto del Edén, un lugar donde no existía el pecado, no existía la naturaleza caída; nada malo. Dios creó el huerto y a la gente que lo habitaba, y vio que eran "buenos en gran manera". Entonces Satanás apareció en escena y note el acercamiento que usó. Su objetivo era hacer que Adán y Eva cuestionaran la Palabra de Dios. Primero dijo una gran mentira: "¿Conque Dios os ha dicho: No comáis de *todo* árbol del huerto?" (Génesis 3:1, énfasis añadido). Esto era obviamente falso, así que Eva le dijo que podían comer fruta de todos los árboles del huerto excepto del árbol del centro;

si comían de ese árbol podían morir. Al dejar que Eva diera la respuesta correcta a esa primera pregunta, Satanás la condujo exactamente a donde él la quería. En la respuesta de Eva, ella añadió las palabras: "Ni le tocaréis". Estas no estaban en las instrucciones originales de Dios. Debemos saber que nos metemos en problemas si le añadimos o le quitamos a lo que Dios dice.

El segundo avance de Satanás no era una pregunta sino una declaración:

> "No moriréis; sino que sabe Dios que el día que comáis de él, serán abiertos vuestros ojos, y seréis como Dios, sabiendo el bien y el mal".
> —Génesis 3:4-5

La tentación tenía dos ganchos. El primero era sugerir que Dios no podía ser confiable, que les había dicho algo que no era verdad. El segundo era el gancho del interés propio, les sugirió que ellos serían como Dios. Satanás se había convertido en un ser maligno al tratar de ser como Dios (ver Isaías 14:12.15; Mateo 4:9; 2 Tesalonicenses 2:4). Ahora les estaba sugiriendo esa posibilidad al hombre y a la mujer que Dios había hecho a su imagen.

Es interesante especular aquí: ¿qué habría sucedido si Adán hubiera estado involucrado, y si Adán y Eva hubieran conversado sobre el asunto? Se nos presenta así, otra de las tácticas de Satanás: saber aislarnos y acercarse a nosotros cuando estamos solos. Él puede decir:

—Tu deberías ser capaz de manejar esto por ti mismo. No necesitas consultar a Dios ni a nadie más.

Hay suficiente verdad en estas declaraciones para hacerlas atractivas, pero también poseen suficiente error para hacerlas muy peligrosas. En cualquier caso, Eva no se detuvo a preguntar:

—¿Será verdad que no puedo confiar en Dios? ¿Nos diría Dios algo que no fuera verdad?

La respuesta parece tan obvia que la pregunta apenas tiene que ser formulada, pero esto llama la atención sobre la siguiente táctica de Satanás: el sentido de urgencia.

—Hazlo ahora mismo, sin tomar el tiempo para pensarlo o revisarlo con alguien en quien confíes.

Lo verdaderamente sorprendente es que Eva no habló con Dios acerca del asunto. Y, ciertamente, él estaba a su disposición.

El punto crucial es, ¿qué es lo que Eva creía de Dios? El minuto en el que consideró el pensamiento de que no se podía confiar en Dios, implícitamente, todo tipo de cosas cambiaron para ella y, a fin de cuentas, para Adán y el resto de nosotros. Si no se podía confiar en Dios en cuanto al asunto de los árboles del huerto, no se podía confiar en él para nada. Si ellos necesitaban utilizar su propio juicio acerca del árbol de la ciencia del bien y del mal, de la misma forma necesitarían usar su propio juicio acerca de cualquier otra cosa. Esa era una perspectiva atractiva, una que ellos no estaban equipados para manejar.

Si un engaño tal pudo suceder en un lugar perfecto como el huerto del Edén, ciertamente puede sucedernos en el mundo caído en el que vivimos. Esta es la razón por la que Pablo les escribió a los Corintios: "Pero temo que como la serpiente con su astucia engañó a Eva, vuestros sentidos sean de alguna manera extraviados de la sincera fidelidad a Cristo" (2 Corintios 11:3). Aun en la era de la Iglesia somos vulnerables. Por eso Jesús oró:

> "No ruego que los quites del mundo, sino que los guardes del mal. No son del mundo, como tampoco yo soy del mundo. Santifícalos en tu verdad; tu palabra es verdad".
>
> —Juan 17:15-17

No vencemos al padre de mentira con razonamientos humanos o investigación científica. Lo hacemos con la verdad revelada a nosotros en la Biblia.

El mundo, la carne y el diablo

En las discusiones acerca de la batalla espiritual, tarde o temprano, se llega al punto de preguntarse cuál es la relación entre el mundo, la carne y el diablo. Pablo presenta los tres elementos en su declaración definitiva acerca de la guerra. Él dice:

> Y él os dio vida a vosotros, cuando estabais muertos en vuestros delitos y pecados, en los cuales anduvisteis en otro tiempo, siguiendo la corriente de este mundo, conforme al príncipe de la potestad del aire, el espíritu que ahora opera en los hijos de desobediencia, entre los cuales también todos nosotros vivimos en otro tiempo en los deseos de nuestra carne, haciendo la voluntad de la carne y

de los pensamientos, y éramos por naturaleza hijos de ira, lo mismo que los demás.

—Efesios 2:1-3

Note la manera en la que Pablo liga al mundo, la carne y al diablo y los pone juntos. Él no sugiere que a veces es el mundo con el que estamos tratando, ni otras veces sea la carne ni otras el diablo. Pablo los ve trabajando tan unidos que realmente no se puede entender uno sin ver la manera en la que se relaciona con los otros. Los términos bíblicos *mundo (kosmos)* y *carne (sarx)* pueden tener muchos significados. Existe muy poca ambigüedad acerca de la identidad de Satanás en la Biblia, pero eso no se puede decir de las definiciones de *mundo* y *carne*.

La palabra griega *kosmos* se usa con dos significados. Satanás es llamado el *príncipe* o *gobernador* de este mundo (ver Juan 12:31; 14:30; 16:11), y se nos ordena que no amemos este mundo (ver 1 Juan 2:15). En un sentido, Satanás creó el mundo del que se está hablando aquí —el de la cultura del hombre caído— y es el príncipe de ese mundo. Sin embargo, esto no era parte del mundo como salió de la creativa mano de Dios. Dios creó el mundo de las personas y cosas, y gobierna sobre esa creación (ver Colosenses 1:17; Hebreos 1:3). El mundo físico revela la gloria de Dios, no debemos rechazar esto. Eso es parte de lo que Dios nos ha dado para que lo disfrutemos (ver 1 Timoteo 6:17), y el mundo de la gente que Dios creó es el objeto apropiado de nuestro amor. El propio Dios ama al mundo: "De tal manera amó Dios al mundo [personas], que ha dado a su Hijo unigénito, para que todo aquel que en él cree, no se pierda, más tenga vida eterna" (Juan 3:16). Por lo tanto, el mundo de personas y cosas que Dios creó es bueno. No es nuestro enemigo. Es apropiado disfrutar la buena creación de Dios.

Cuando nos referimos a ese tema en el contexto del mundo, la carne y el diablo, estamos hablando de un mundo lleno de cosas diseñadas por Satanás para tentarnos a satisfacer nuestras necesidades humanas legítimas en una manera que el Creador nunca quiso. Son los engaños que Satanás ha maquinado para llevarnos a tomar malas decisiones justo como Eva lo hizo en el huerto. Con esa primera mala decisión de escuchar al diablo antes que a Dios comenzó un proceso que ha dado como resultado que las culturas humanas se hayan alejado bastante del Creador. Comenzó con una persona y una decisión. Creció a dos personas y gradualmente el proceso ha abarcado naciones enteras. Así que el *mundo* hoy es un diseño complicado y cuidadosamente elaborado por Satanás para alejar a la gente de Dios y sus buenos propósitos para ellos, con el fin de conducirlos al cautiverio de las mentiras del enemigo.

Este es el mundo al cual el pueblo de Dios no debe conformarse más, como dice Romanos 12:2:

> No os conforméis a este siglo, sino transformaos por medio de la renovación de vuestro entendimiento, para que comprobéis cuál sea la buena voluntad de Dios, agradable y perfecta.

Pablo pone esto en la forma de un mandamiento fuerte que podría ser traducido así: "¡Deja de estar conformándote al mundo!". Tenemos que vivir en el contexto de este mundo pero, como lo expresó Jesús en su oración como sumo sacerdote, no debemos ser "del mundo" (Juan 17:16). En un sentido, la santificación es el proceso de liberarnos a nosotros mismos de las influencias corruptoras del mundo. Esa es una idea clave en la oración de Jesús por nosotros en Juan 17.

También es importante ver que cuando Jesús oró acerca de nuestra relación con el mundo, él vincula al diablo y al mundo cuando dice:

"No te pido que los retires del mundo, sino que los guardes *del maligno*".
—Juan 17:15, Biblia de Jerusalén, énfasis añadido

La idea de que a veces solamente estamos tratando con el mundo pierde de vista el hecho de que Satanás es quien fabricó esa estructura de tentaciones y que él está en su estilo engañoso empujándonos a que nos rindamos a esas tentaciones. Parece que Jesús supuso esta relación cuando les enseñó a sus discípulos a orar así:

"No nos expongas a la tentación, sino *líbranos* del maligno"
—Mateo 6:13, DHH, énfasis añadido

Se nos instruye evitar e incluso *huir* de los lugares y situaciones que nos puedan conducir a una tentación (ver 1 Corintios 6:18; 1 Timoteo 6:11; 2 Timoteo 2:22), pero en el momento en el que la tentación surge, debemos resistir al diablo (ver Efesios 6:11; Santiago 4:7; 1 Pedro 5:9).

Satanás es lo suficientemente listo como para no mostrarse a sí mismo demasiado obvio. Solo se nos muestra vestido con su traje de diablo cuando nos quiere asustar, lo cual es otra de sus tácticas. Pero más a menudo se nos presenta como un ángel de luz, o nos envía a algunos de sus secuaces vestidos como "ministros de justicia" (2 Corintios 11:15). El engaño es su juego. Es un estafador.

Pablo usa la imagen de una trampa al escribirle a Timoteo. Las trampas están diseñadas para hacerles creer a los animales que algo bueno —como la carnada— está a la disposición de ellos sin que se den cuenta de que la carnada está unida a un gatillo que accionará la trampa. Pablo afirma que algunas personas en la Iglesia han caído en el: "Lazo del diablo", y que están haciendo lo que él quiere y no lo que Dios desea. Han mordido el anzuelo de que existe otra manera de satisfacer sus necesidades legítimas. Pablo aclara que la salida de la trampa es: "la verdad" (ver 2 Timoteo 2:25-26). El hecho de que la verdad es la salida de la trampa hace pensar que las mentiras son la trampa o, por lo menos, la carnada en la trampa. Somos engañados para pensar que podemos pecar sin sufrir las consecuencias.

Pero, ¿y la carne? ¿No dice la Biblia que ahí es donde se pelea verdaderamente la batalla? En Gálatas capítulo cinco Pablo dice que la lucha es entre el espíritu y la carne, no entre el espíritu y Satanás. Santiago nos dice que somos atraídos por nuestros propios deseos, no por un demonio (ver Santiago 1:13-15). Sí, la batalla se pelea al nivel de nuestra propia carne; así que necesitamos definir *carne* cuidadosamente. El término *carne*, como el vocablo *mundo*, se puede usar de varias maneras. Un diccionario griego-inglés usado frecuentemente recoge ocho significados de la palabra griega *sarx* (carne).

Aunque esto puede sonar un poco intimidante para alguien que no es un académico en griego, hay cierto sentido de que todos los significados se relacionan con una idea primaria. Esta idea es que somos seres humanos con cuerpos físicos viviendo en un mundo espaciotemporal. La palabra *carne* puede significar cosas relacionadas con una parte del cuerpo; como carne y hueso, carne y cuerpos. Aun así, somos más que solo cuerpos. También tenemos una personalidad que nos define como individuos. Esa personalidad está formada por nuestra habilidad para pensar, sentir y tomar decisiones. El término *carne* es utilizado para incorporar todas esas ideas. En un aspecto es simplemente una manera de decir que somos humanos. El problema es que, la carne es débil, y ha sido condicionada para operar independientemente de Dios. Es hostil al Espíritu de Dios que está trabajando en nosotros (ver Gálatas 5:16-17) y que nos guía a ser totalmente dependientes de Dios.

También somos seres espirituales creados a la imagen de Dios. Esta es una parte de lo que significa ser humano y todas esas cualidades humanas requieren recursos para sostenerse. El cuerpo necesita comida y agua. Como individuos o personalidades necesitamos sentirnos valiosos, seguros y aceptados. Necesitamos amar y ser amados. Como seres espirituales necesitamos una relación con Dios. Son estas necesidades las que Santiago considera cuando dice que somos atraídos y seducidos por nuestra propia *concupiscencia*. Tenemos necesidades que deseamos satisfacer. Esto debería suceder como fue diseñado por nuestro Creador. Las necesidades y el deseo de satisfacerlas estuvieron presentes en el Edén antes de que el pecado entrara en escena. Los deseos *(concupiscencia)* no son malos. No constituyen una naturaleza pecaminosa. Estaban ahí cuando Dios creó a Adán y a Eva.

Pero Satanás tiene muchas sugerencias en cuanto a cómo esos deseos pueden ser satisfechos en maneras contrarias a lo que Dios había ideado que fueran. Hemos visto cómo las culturas humanas han tendido a degenerar espiritualmente de manera que el *mundo* de hoy es a menudo enemigo del crecimiento cristiano y la madurez. En una manera semejante, nuestra carne ha sido programada para vivir independientemente de Dios. Después de la caída, Adán y Eva perdieron su relación con Dios, así que buscaron encontrar su identidad y propósito aparte de Dios.

Aprender a vivir independientemente de Dios es lo que ha llevado a la cultura humana cuesta abajo. La cultura es definida, a menudo, como simplemente: "La conducta humana compartida y aprendida". Casi todo lo que los humanos hacemos es aprendido. Llegamos a esta vida con muy pocas conductas instintivas, en contraste con los animales, que vienen con un alto nivel de conducta instintiva. No solamente tenemos la habilidad de aprender, somos capaces de transmitir ese aprendizaje. Los animales no pueden hacer eso. Por ejemplo, los perros pueden ser enseñados para guiar a los ciegos, pero ningún perro guía experimentado ha escrito un libro acerca del tema o ha abierto una escuela para entrenar a otros perros. Cada nueva generación de perros comienza desde el principio. Sin embargo, los seres humanos pueden escribir libros y enseñar a otros lo que han aprendido y eso es lo que produce lo que llamamos cultura. La cultura es la acumulación de ideas y conductas aprendidas —las buenas y las malas— que son transmitidas de una generación a otra dentro de sociedades que comparten la misma herencia. Nuestras culturas modernas son resultado de aprender y de tomar prestado, culturalmente, de otros lugares y pueblos alrededor del mundo. La parte de la cultura que transmite el mal es, en esencia, lo que la Biblia llama "mundo".

La mayoría de las sociedades tiene como una máxima prioridad hacer que sus miembros se conformen a las creencias aceptadas y las prácticas establecidas por ellas. Uno es aceptado y afirmado por una sociedad conforme al grado en el que cumple con las expectativas de ella. Una popular expresión contemporánea de esto es la presión de grupo, que puede funcionar para promover lo que es bueno, pero también lo que es malo.

En las sociedades primitivas esa presión era bastante uniforme en toda la tribu o nación. Ahora que las civilizaciones se han desarrollado y los patrones de vida se han vuelto más urbanos, hemos producido muchas subculturas, y la presión de grupo proviene de esas subculturas más que de la sociedad unida como un todo. La frustración moderna es: "Me gustaría poder ser inconformista como todos los demás". Sin embargo, para ser más preciso uno tendría que decir: "Como todos los demás en mi subcultura". Esta es la connotación negativa que la Biblia llama *el mundo*. Es un mundo que desgraciadamente ha seguido la dirección del dios de este siglo en vez de la del único verdadero Dios Creador para tratar de satisfacer sus necesidades y deseos humanos. En demasiadas ocasiones, Dios es sistemáticamente dejado fuera de nuestra cultura —ha sido relegado a un cielo que está en poco contacto con la tierra— o es remplazado por otro dios.

Sí, el mundo dice que nuestras necesidades y deseos pueden ser satisfechos con las falsificaciones que Satanás ha sugerido, y la gente en todos lados está tratando frenéticamente de satisfacer sus necesidades de esa manera. Esa nunca fue la intención de nuestro Creador. Es obra de un enemigo. Cuando Santiago dice que somos atraídos y seducidos por nuestros *deseos* o *concupiscencia,* son realmente nuestras necesidades humanas las que proveen la posibilidad para ser atraídos y seducidos, pero no son nuestras necesidades o deseos los que están mal en sí mismos. La palabra utilizada aquí es usada en otros lugares con una connotación muy positiva (ver Mateo 13:17; Lucas 22:15; Filipenses 1:23; 1 Tesalonicenses 2:17). Ha adquirido su connotación negativa en nuestra mente por la manera en la que hemos tratado de satisfacer esos deseos o necesidades con el abanico de malas alternativas que nos ofrece el mundo. No son los deseos los que son malos, es la manera en la que hemos tratado de satisfacerlos. Y así como Jesús vinculó la tentación con el tentador en la oración que les enseñó a sus discípulos (ver Mateo 6:9-13), así necesitamos ver esa relación insinuada en la idea de ser *atraídos y seducidos*. Satanás es la mente maestra detrás de esa estrategia. Él es el que nos atrae y nos seduce, al sugerirnos todas las alternativas engañosas cuando queremos satisfacer nuestras necesidades legítimas.

Así que, al hablar del mundo, la carne y el diablo necesitamos entender que no todo es una cosa o la otra. La mayoría del tiempo ni siquiera es uno más que otro. Los tres trabajan juntos, por lo que necesitamos una estrategia de resistencia que considere a los tres sin permitir un énfasis dominante en alguno de ellos.

Todos tenemos necesidades legítimas. La pregunta es, ¿esas necesidades van a ser satisfechas por el mundo, la carne o el diablo, o por Cristo, que prometió suplir todas nuestras necesidades conforme a sus riquezas en gloria (ver Filipenses 4:19)? Yo (Neil) escribí *Libertad en Cristo* para mostrar cómo suple Cristo nuestras necesidades más cruciales: las necesidades del *ser* —*ser* aceptado, tener seguridad y tener dignidad— como sigue:

"En Cristo" soy aceptado ...

Juan 1:12	Soy hijo de Dios.
Juan 15:15	Soy amigo de Cristo.
Romanos 5:1	He sido justificado.
1 Corintios 6:17	Estoy unido al Señor.
1 Corintios 6:19-20	He sido comprado por precio. Le pertenezco a Dios.
1 Corintios 12:27	Soy miembro del cuerpo de Cristo.
Efesios 1:1	Soy santo.
Efesios 1:5	He sido adoptado como hijo de Dios.

Efesios 2:18	Tengo acceso directo a Dios a través del Espíritu Santo.
Colosenses 1:14	He sido redimido y perdonado de mis pecados.
Colosenses 2:10	Estoy completo en Cristo.

"En Cristo" tengo seguridad ...

Romanos 8:1-2	Soy libre para siempre de la condenación.
Romanos 8:28	Se me asegura que todas las cosas me ayudan a bien.
Romanos 8:31-34	Soy libre de los cargos de condenación en mi contra.
Romanos 8:35-39	No puedo ser separado del amor de Dios.
2 Corintios 1:21-22	He sido establecido, ungido y sellado por Dios.
Filipenses 1:6	Estoy confiado en que la buena obra que Dios comenzó en mí la perfeccionará.
Filipenses 3:20	Soy un ciudadano del cielo.
Colosenses 3:3	Estoy escondido con Cristo en Dios.
2 Timoteo 1:7	No me ha sido dado un espíritu de cobardía, sino de poder, amor y dominio propio.
Hebreos 4:16	Puedo encontrar gracia y misericordia en tiempo de necesidad.

1 Juan 5:18	He nacido de Dios y el maligno no me toca.

"En Cristo" tengo dignidad ...

Mateo 5:13-14	Soy sal de la tierra.
Juan 15:1, 5	Soy un pámpano de la vid verdadera, un canal de su vida.
Juan 15:16	He sido escogido para llevar fruto.
Hechos 1:8	Soy un testigo personal de Cristo.
1 Corintios 3:16	Soy el templo de Dios.
2 Corintios 5:17-21	Soy ministro de la reconciliación con Dios.
Efesios 2:6	Estoy sentado con Cristo en los lugares celestiales.
Efesios 2:10	Soy obra de Dios.
Efesios 3:12	Puedo acercarme a Dios con libertad y confianza.
Filipenses 4:13	Todo lo puedo en Cristo que me fortalece.

Un amigo que era presidente de una compañía aseguradora era conocido por decir: "La gente cambia, pero no mucho". Lo que él quería decir era que no contrate a la gente por lo que pueda llegar a ser, sino por lo que puede hacer en el tiempo en el que los contrataron, porque no mucha gente está dispuesta a hacer lo que se requiere para producir un cambio. Pablo dice: *"Transformaos por medio de la renovación de vuestro entendimiento"* (Romanos 12:2, énfasis añadido).

Sin embargo, uno de los problemas de pelear esta batalla espiritual es que el enemigo ha convencido a algunas personas de que no pueden cambiar. "Simplemente soy así", dicen. O: "Eso funciona para otros, pero no para mí". Recuerde, Satanás es un engañador. La idea de que usted no puede hacer algo que Dios le ha dicho que haga, tiene que ser una mentira del diablo. Dios no nos manda que hagamos cosas que no podamos hacer. No nos dice que podemos ser vencedores en la mayoría de las cosas pero que no tenemos poder contra algunos de los ataques del enemigo. Él dice que:

"Somos más que vencedores".
—Romanos 8:37

Pablo no afirma: "Puedo hacer la mayoría de las cosas en Cristo que me fortalece".
Él dice:

"Todo lo puedo en Cristo que me fortalece".
—Filipenses 4:13

El problema es que siempre vamos a vivir lo que realmente creemos, y si no creemos que podemos hacer algo, ni siquiera lo vamos a intentar.

Satanás ha molestado, con esta táctica, a mucha gente para evitar que crezca y madure espiritualmente. Escuchamos cuando él sugiere cosas como: "La idea de la victoria espiritual y de dar fruto es para otros, pero yo soy demasiado débil. Simplemente no tengo suficiente fe". "Creo que el enemigo sabe por dónde llegarme. Él sabe que no puedo resistir en esta área", o "Es que no me nace, si hago algo que no me nace hacerlo me siento como un hipócrita". Note que Satanás va a redactar los pensamientos como si fueran producidos por usted. Si lo puede convencer de que realmente crea algo, usted comenzará a actuar conforme a esa creencia. Es posible que se esté preguntando en este momento: "¿Está diciendo que Satanás puede poner pensamientos en mi mente? ¿No sería eso como decir que 'El diablo me hizo hacerlo'?"

Mi respuesta es: sí, estamos diciendo que el diablo puede poner pensamientos en nuestra mente, y no, no es como decir que el diablo hizo que usted lo hiciera. Las Escrituras dicen que el diablo puso pensamientos en la mente de David (ver 1 Corintios 21:1), en la de Judas (ver Juan 13:2) y en la de Ananías (ver Hechos 5:3).

El diablo incluso puso pensamientos en la mente de Jesús. Al punto que es probable que un día pensara: "Si me arrodillo y adoro a Satanás, él me dará todos los reinos de este mundo". ¡Qué cosa tan horrible para Jesús pensar eso! ¿De dónde vino ese pensamiento? Obviamente no era de la mente suya. Provenía del diablo que lo estaba tentando.

"Pero —dice usted— ¿Satanás no estaba literalmente presente ahí en el desierto? ¿No fue ese caso diferente a como Satanás nos tienta?

La Biblia dice que Jesús:

"Fue tentado en todo *según nuestra semejanza*".
—Hebreos 4:15, énfasis añadido

El diablo es un ser espiritual y Jesús se había hecho hombre (ver Filipenses 2:7). Puede que Satanás se haya materializado para hacerse visible a Jesús. No se nos dan ese tipo de detalles en el relato bíblico. Sin embargo, aun si se apareció todavía era una comunicación entre un espíritu y una persona. Esta es la manera en la que la tentación se aparece; Jesús fue tentado en todo: "Según nuestra semejanza". Si le sucedió a Jesús, tiene que creer que puede sucedernos a nosotros.

Sin embargo, ser tentado no es un pecado. No podemos prevenir la tentación, pero podemos resistirla. Por eso nunca es correcto decir: "El diablo hizo que yo hiciera eso". Siempre somos responsables de lo que permitimos en nuestra mente y de lo que hacemos con eso estimulando al mal que nos rodea. Pero negar que Satanás está involucrado en el proceso es fallar al tratar con uno de los elementos críticos en cualquier tentación.

Por supuesto, no es realmente Satanás quien nos está tentando. Satanás es solo un ángel, un ángel caído, para ser más precisos. A él le gustaría hacernos creer que es omnipresente, como Dios, pero eso no es así. Él tiene que depender de su jerarquía demoníaca para llevar a cabo sus maquinaciones nefandas. Esto era lo que estaba detrás de las famosas palabras de Martín Lutero: "Y aunque este mundo lleno de demonios trate de destruirnos, no temeremos, porque Dios ha querido que su verdad triunfe a través de nosotros". Satanás y su ejército de ángeles caídos están en todas partes en *el mundo,* pero eso no debe alarmarnos, porque Dios nos ha dado la verdad como nuestra defensa primaria contra sus ataques engañosos.

Ambas cosas

Todos tenemos nuestra porción de conflicto espiritual. Comenzamos este capítulo preguntando: "¿Es esto guerra espiritual o son los problemas de siempre?". La respuesta es: "Son ambas cosas". Si Satanás no causa los problemas, va a tratar de sacarles ventaja cuando surjan. Vivir en un mundo caído produce abundancia de problemas sin que Satanás comience uno nuevo. Pero él es un oportunista y va a estar a la mano para que el problema parezca todavía peor de lo que es y hacerle sentirse víctima con el fin de que comience a actuar como tal y no como un vencedor en Cristo.

La batalla es por la mente. Es una batalla de la verdad contra la mentira. Si podemos ganar esa batalla, podremos ganar todas las demás.

TRES

HACIA UNA VISIÓN BÍBLICA DEL MUNDO

Tres

HACIA UNA VISIÓN BÍBLICA DEL MUNDO

Todos vivimos por fe. La única diferencia entre los cristianos y los incrédulos es el objeto de nuestra fe. Los cristianos han escogido creer en Dios y en su Palabra. Sin embargo, antes de que acudiéramos a Cristo ya creíamos en algo o en alguien más. Aun si hemos sido cristianos desde la niñez hemos desarrollado ciertas actitudes y creencias acerca de nosotros mismos y el mundo en el cual vivimos, eso que llamamos cosmovisión. Esta asimilación sucedió sin que nos diéramos cuenta de que estaba ocurriendo. A menos que hayamos sido criados en un hogar cristiano perfecto, no hay forma de que podamos tener un entendimiento bíblico del mundo en el que vivimos.

En su libro *The Universe Next Door,* James Sire define *cosmovisión* como: "El conjunto de conjeturas o supuestos que sostenemos (consciente o inconscientemente) acerca de la constitución básica del mundo". Estas conjeturas o supuestos actúan como filtro o como un conjunto de filtros a través de los cuales pasamos todo lo que nos llega del mundo a nuestro alrededor con el propósito de darle significado. Como lo indica Sire, esto sucede a menudo a un nivel inconsciente. La mayoría de nosotros ni siquiera somos conscientes de que tenemos una cosmovisión, porque simplemente la absorbimos de la cultura en la que fuimos criados. Es el ambiente en el que hemos crecido y nunca se nos ha ocurrido que debamos cuestionarlo. Hacemos juicios bastante significativos acerca de los sucesos en nuestras vidas, juicios que pueden estar basados en una cosmovisión defectuosa, en lo que se refiere a las Escrituras. Una de las mejores maneras para descubrir esto es vivir en un lugar donde la cosmovisión sea bastante diferente de aquella en la cual usted creció.

Por ejemplo, yo (Tim) fui a África del Oeste como misionero en 1956. Mi esposa y yo servimos en una aldea tribal típica. Éramos los únicos extranjeros en esa población. Los miembros de la tribu eran animistas y creían fuertemente en el mundo de los espíritus. Cuando la gente escucha esto, algunas veces nos dicen: "Supongo que pelearon muchas batallas espirituales allá". A lo que respondo: "No, no fue así. No las hubiera reconocido si las hubiera visto".

Egresé de una prestigiosa universidad cristiana y de un seminario teológico que se caracterizaba por enseñar la Biblia. También tenía otro título académico en una universidad importante de Estados Unidos. Pero mientras estudiaba nadie me ayudó a entender la cosmovisión como concepto, ni cuál era la mía, y menos cualquier concepto de cosmovisión de la gente a la que iba a ministrar. Era un típico occidental. Era bien educado en los estándares occidentales, pero ni siquiera mi educación teológica me había ayudado a tratar con cosmovisiones y especialmente con creencias acerca del mundo espiritual. Como resultado, cuando escuché a los africanos hablar de actividad espiritual, lo pasé a través de un filtro en mi mente llamado superstición. Por eso tengo que decir que no pelee ninguna batalla espiritual en África.

El problema, a menudo iba más allá de lo que los africanos hacían o decían. Incluía las cosas que los misioneros hacían o decían. Incluso los misioneros tendían a ver todos los problemas como conflictos con dimensiones humanas solamente. La guerra espiritual casi nunca se veía como un posible elemento en las actividades y relaciones de los misioneros, aun cuando esas actividades y relaciones eran bastante problemáticas.

En nuestra cosmovisión occidental tendemos a asumir que un demonio no puede hacerle daño a un "buen" cristiano, y que la mejor cosa que podemos hacer con Satanás y los demonios es ignorarlos. Hacemos eso a pesar de que la Biblia nunca nos dice que ignoremos al diablo; hasta ahí nos ha llevado nuestra cosmovisión occidental. Por el contrario, la Biblia nos dice que resistamos al diablo. La palabra griega traducida como *resistir* o *estar firme* es la misma en Efesios 6:13, Santiago 4:7, y 1 Pedro 5:9, y los "buenos" cristianos no están exentos. Aun el apóstol

Pablo tenía un mensajero de Satanás que lo abofeteaba (ver 2 Corintios 12:7), y Satanás lo usó para llevar a cabo sus planes de visitar Tesalónica (ver 1 Tesalonicenses 2:18).

De regreso al concepto de la cosmovisión como un filtro, tenemos que concluir que los filtros de nuestra cultura occidental son defectuosos. Si un filtro se construye apropiadamente basado en la enseñanza bíblica y está funcionando bien, llegaremos a conclusiones cristianas válidas acerca de nuestras experiencias en el mundo. Si no está construido apropiadamente o no está funcionando bien, vamos a llegar a conclusiones defectuosas o aun conclusiones peligrosamente erróneas acerca de nuestras experiencias en el mundo.

Por lo tanto, la cosmovisión de nuestro sistema de creencias es crucial, y muy a menudo la Iglesia le ha dado muy poca atención. La razón más lógica del fracaso de la Iglesia es que Satanás ha tenido éxito engañándola.

Esta es una parte significativa de lo que Pablo consideraba cuando les escribió a los romanos:

"¡Dejen de conformarse a este mundo!"
—Romanos 12:2

Ser conformado o no al mundo incluye las cosas que hacemos y las que no, pero va todavía más allá: a la cosmovisión con la cual interpretamos lo que experimentamos en el mundo. Este problema de cosmovisión también está involucrado en la declaración de Jesús:

"Conoceréis la verdad, y la verdad os hará libres".
—Juan 8:32

Una mirada a algunas cosmovisiones

Revisar algunas cosmovisiones representativas nos puede ayudar a entender de qué estamos hablando. Parece ser que la gente desarrolla mucha tolerancia a la contradicción en su sistema de creencias y, como resultado, pocas veces encontramos una sociedad en la que toda la gente sostenga la misma cosmovisión. Esto es especialmente cierto en la gente que vive en occidente. Uno de los principales encuestadores afirma que el problema no es que los estadounidenses crean en algo, sino que creen todo. Se está refiriendo al hecho de que hay mucha tolerancia al conflicto con las creencias que se profesan. Algunas personas que en cierto punto parecen ser muy occidentales y científicos en su aspecto, en otras ocasiones recurren a prácticas bastante animistas o incluso profesan la fe cristiana. Sin embargo, eso nos puede ayudar a entender las diferencias de cosmovisión con el fin de observar cómo los sistemas de creencias pueden estar en conflicto.

Animismo: Un mundo controlado por espíritus

El animismo es probablemente la cosmovisión sostenida más ampliamente en el mundo. Se define como la creencia de que el poder y los seres espirituales tienen un papel principal en casi cada cosa que sucede en este mundo.

Se puede encontrar en su forma más pura en las sociedades tribales de nuestro planeta que no han desarrollado el lenguaje escrito, pero algunos elementos de él se pueden encontrar en grados significativos en la mayoría de las sociedades modernas. El animismo no es considerado una religión mundial ni principal porque nunca ha sido formalizado como el cristianismo, el islamismo, el judaísmo e el hinduismo. Como se encuentra principalmente entre las sociedades que no han desarrollado el lenguaje escrito, no tienen un *libro santo,* como otras religiones. No se aboca extensivamente a los asuntos cósmicos de la religión. Se preocupa mucho más de las realidades prácticas de la vida diaria, y las muchas variantes de tribu a tribu. Sin embargo, existen algunas creencias generales que están asociadas con esta cosmovisión.

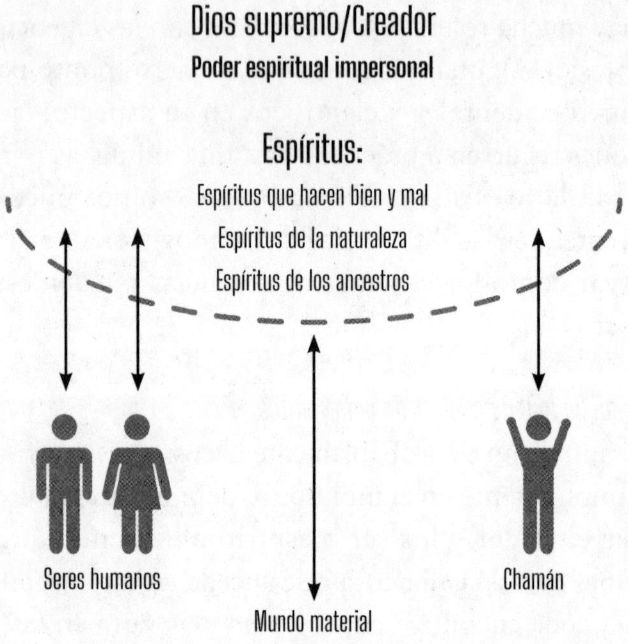

Dios supremo/Creador
Poder espiritual impersonal

Espíritus:
Espíritus que hacen bien y mal
Espíritus de la naturaleza
Espíritus de los ancestros

Seres humanos

Mundo material

Chamán

Figura 1: La cosmovisión animista

Gran parte de los animistas creen en un creador o dios supremo de algún tipo, pero en la mayoría de los casos lo ven tan alejado de ellos que el contacto es poco frecuente, si no es que imposible. Por lo tanto, nuestro diagrama lo muestra en la parte superior. Aunque puede ser que se refieran a él en algunas ceremonias o rituales, no juega un papel significativo en la vida diaria.

Hay dos fuentes principales de poder espiritual en la manera que los animistas ven la vida diaria. La primera es su creencia en un poder espiritual impersonal (técnicamente llamado *mana*, en la literatura antropológica) el cual se cree penetra todo en el universo animal, vegetal y mineral. La segunda son espíritus de muchos tipos.

En algunos lugares, sobre todo en el oriente, el poder impersonal espiritual puede ser llamado *dios*. Esto, a su vez, puede conducir a la creencia de que todos y todo es una parte de este dios impersonal. Sin embargo, muy a menudo, se cree que es un poder más parecido a la electricidad, que no es bueno o malo en sí mismo. Simplemente está presente y es poderoso. Si produce bien o mal, depende de cómo los humanos se relacionan con él. Así como la electricidad puede ser generada, aumentada o disminuida en poder, canalizada al lugar donde se necesita y demás, se cree que se puede controlar este *mana*.

En nuestra vida cotidiana, todos nos relacionamos con la electricidad al encender o apagar un interruptor, cambiar las bombillas y conectar aparatos, pero también tenemos especialistas en manejar la electricidad porque al no hacerlo apropiadamente, puede lesionarnos o incluso matarnos. Nos gusta por su capacidad para encender la luz y hacer girar los motores, pero le tememos porque su poder puede causar dolor o muerte. No decimos que es maligna cuando nos quema. Reconocemos que simplemente así es la electricidad.

El animista considera a *mana* casi de la misma manera. No es ético ni moral. Simplemente está ahí. Haga bien o mal depende de qué interruptores activemos y cómo lo manejemos. Así que, de la misma forma en la que recurrimos a un especialista para que lidie con los problemas de las instalaciones eléctricas, los animistas recurren a un electricista espiritual para manejar los problemas que enfrentan en el mundo espiritual.

Este individuo es llamada chamán (también conocido como médico brujo o curandero) y es un experto en tratar con el poder espiritual impersonal. Todos los animistas se relacionan con *mana* en su vida diaria, así como nosotros con la electricidad, pero cuando necesitan que algo especial se haga —sea bueno o sea malo— acuden al chamán, porque conoce fórmulas especiales, actividades y palabras necesarias para manipular ese poder.

Este tipo de creencia se encuentra en todas las partes del mundo y en las prácticas religiosas de aquellos que profesan creer las enseñanzas de alguna religión mundial. En Francia, por ejemplo, hay más sanadores mágicos —personas que claman a este poder espiritual impersonal para ayudar en el proceso de curación— que médicos. En Tailandia, donde el budismo es la religión predominante, un profesor universitario le confesó a un amigo misionero que no conocía a un solo intelectual tailandés que no fuera también animista. Dijo que el presidente de la universidad en la que él enseñaba usualmente consultaba a los espíritus antes de tomar decisiones académicas importantes.

Esto lleva a la segunda fuente de poder espiritual para los animistas, nos referimos a seres espirituales con identidades y funciones individuales. No son amorales, como se cree que es *mana*. Ellos, a sabiendas, se involucran en acciones malas o buenas. Puede ser que se vean como espíritus asociados con los objetos de la naturaleza; pueden ser concebidos como los espíritus de personas que han muerto; o pueden ser vistos en una gran variedad de otras maneras. (Por favor, advierta que lo que los animistas creen acerca de tales espíritus puede no ser cierto, pero ese es el sistema de creencias que controla sus acciones. Siempre debemos recordar que Satanás es un engañador y que va a llevar a la gente a creer cualquier cosa que los mantenga alejados de la verdad.)

Como sucede con *mana*, los espíritus también se cree que son controlables, por lo menos hasta cierto punto, por los humanos, si estos saben qué cosas hacer, qué palabras decir y qué objetos usar. Sin embargo, el control no es absoluto y esa falta de control hace que el animista viva en constante temor por desagradar a los espíritus y hasta por provocar su ira. También temen que algún enemigo pueda estar usando alguna habilidad oculta superior para dirigir el poder de *mana* o el de los espíritus en su contra. Para el verdadero animista, casi todo en la vida está relacionado en alguna forma con el mundo espiritual. Podríamos decir que ellos le asignan una máxima causalidad a lo sobrenatural.

Por lo tanto, para el animista los informes de las actividades de Satanás y sus tropas de demonios son rápidamente interpretados a través del filtro de su cosmovisión. Es importante observar que la cosmovisión de la gente de los tiempos bíblicos estaba mucho más cerca del animismo que la nuestra que es una cosmovisión occidental secularizada.

La cosmovisión occidental

No hay solo una cosmovisión occidental. El occidente se ha vuelto tan multicultural que no hay concordancia entre los sistemas de creencias que conviven en este hemisferio. Sin embargo, hay algunas cosas que se pueden decir acerca de la cosmovisión con la que la mayoría de los occidentales han crecido.

Algunas personas en este hemisferio niegan completamente la existencia de Dios, mientras que otros rechazan que Dios haya creado el mundo. Estas son suposiciones cruciales de esta cosmovisión. Son tan obviamente no bíblicas que podemos reconocerlas con facilidad. Sin embargo, la cosmovisión tendiente a dominar el pensamiento de hasta la gente de la Iglesia tiene defectos severos. Usualmente incluye a un Dios creador; la mayoría de los estadounidenses todavía profesan creer en tal Dios. Sin embargo, creer en la creación no garantiza una cosmovisión bíblica.

La cosmovisión occidental se divide, por lo general, en dos planos funcionales: el sobrenatural y el natural. En el plano sobrenatural localizamos a todos los seres espirituales, incluyendo a Dios, ángeles y demonios. Como son sobrenaturales no caben en el mundo natural que está dominado por el pensamiento científico. Se asume que este plano se encuentra alejado del plano natural como si hubiera un gran cisma entre ellos. No solo están separados; ni siquiera se tocan. Los asuntos espirituales se consideran innecesarios para entender la vida; son, por lo tanto, opcionales por deducción. La religión puede entonces ser echada fuera de nuestras escuelas, se cree, sin que se pierda nada importante en el proceso educativo.

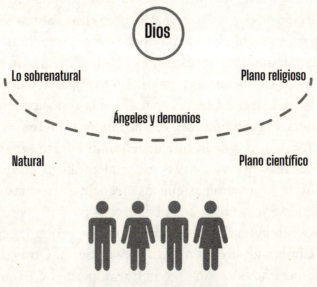

Figura 2: La cosmovisión occidental

La cosmovisión occidental se divide, por lo general, en dos planos funcionales: el sobrenatural y el natural. En el plano sobrenatural localizamos a todos los seres espirituales, incluyendo a Dios, ángeles y demonios. Como son sobrenaturales no caben en el mundo natural que está dominado por el pensamiento científico. Se asume que este plano se encuentra alejado del plano natural como si hubiera un gran cisma entre ellos. No solo están separados; ni siquiera se tocan. Los asuntos espirituales se consideran innecesarios para entender la vida; son, por lo tanto, opcionales por deducción. La religión puede entonces ser echada fuera de nuestras escuelas, se cree, sin que se pierda nada importante en el proceso educativo.

Se piensa que el plano natural es gobernado por leyes científicas. Puede ser que Dios haya creado el mundo y haya establecido leyes para gobernarlo, pero él está ahora sentado en su trono en el cielo y muy pocas veces interviene en la vida cotidiana. Ocasionalmente experimentamos un "milagro", pero esa es una excepción, no la regla. La educación pública en Estados Unidos opera bajo la suposición de que la ciencia y la religión están en dos planos diferentes y que no interactúan, por lo que deben mantenerse separadas. Para ser más preciso, en las escuelas públicas en Estados Unidos, la suposición es que las creencias cristianas deben mantenerse separadas de la educación pública, pero otras creencias religiosas son admitidas en las entidades educativas cambiándole el nombre a conveniencia. Otras religiones son tratadas como algo cultural, pero el cristianismo evangélico es considerado demasiado autoritario para ser compatible con la cosmovisión moderna.

Sobre esta base de cosmovisión, tendemos a formular preguntas excluyentes como: "¿Es un asunto religioso o científico? ¿Es un demonio o solo la carne? ¿Es una consideración privada (asuntos con una base espiritual) o pública (asuntos con una base científica o natural)?". La que escucho más a menudo es: "¿Cómo se puede saber si el problema de una persona es espiritual o psicológico?".

En respuesta a esta última pregunta contestamos: "Consideramos que esa es una pregunta no válida basada en una cosmovisión inválida".

Dios me creó parte espiritual parte secular. Soy una persona integrada con todas mis partes relacionadas intrincadamente unas con otras. Eso incluye mi cuerpo, mi alma (*psique*), y mi espíritu. Mi *psique* no puede ser reducida a algo que es explicado científicamente. Mi alma es parte de la imagen de Dios en mí y solo puede ser entendida apropiadamente bajo esa luz. Mi cuerpo, mi alma y mi espíritu interactúan constantemente. La pervertida cosmovisión occidental es la única que ha tratado de explicar la vida sin hacer referencia a Dios y la realidad del mundo espiritual.

Por tanto, la cosmovisión incorrecta va a conducir a conclusiones incorrectas acerca de nuestra vida y el mundo en el que vivimos. Tratar de resolver los problemas físicos por medios espirituales no siempre es la mejor opción, aunque Dios puede intervenir milagrosamente. Tratar de resolver un problema espiritual por medios físicos nunca va a funcionar. Tomar una medicina para ayudar a curar el cuerpo puede ser recomendable, pero ingerir medicina para curar el alma es deplorable. La cosmovisión bíblica va a ver la necesidad de un pastor, así como la de un médico.

Si consideramos unos trescientos años atrás la cultura occidental, vamos a encontrar que la cosmovisión era bastante diferente. En las universidades europeas occidentales se asumía que la teología era la *reina de las ciencias*. Todo era probado por su concordancia con la verdad revelada en la Biblia, mientras que ahora el concepto de verdad revelada ni siquiera es admisible en la escena universitaria. En ese tiempo se asumía que este es un mundo creado y que Dios habla tanto a través de su Palabra revelada como de su creación. El mundo físico podía ser entendido apropiadamente solo cuando era visto como una obra de Dios y como parte de su revelación a nosotros.

Con la Ilustración surgieron fuertes voces filosóficas que negaban la revelación. Decían que el hombre no adquiere significado de su relación con una persona o poder sobrenatural sino del hecho de que era un ser racional. Entonces la revolución científica añadió el concepto de que el método científico era el único confiable para encontrar la verdad, y que la revelación divina era secundaria o insignificante.

Todavía más tarde la teoría de la evolución fue añadida a este caldo filosófico y, como se supone que el mundo ha evolucionado y no creado, no lo podíamos ver más como un canal de la revelación de Dios.

La cosmovisión de la Ilustración no solo eliminó a Dios de cualquier relación funcional con la vida en la tierra, también descartó la idea de los ángeles y los demonios. Tales seres espirituales no tenían cabida en el pensamiento de una sociedad ilustrada. Esta cosmovisión se hizo tan penetrante en el occidente que incluso teólogos y pastores fueron influenciados por ella. John W. Montgomery, un reconocido teólogo dice:

> El clérigo moderno, que opera en un mundo ideológicamente postcristiano desde la Ilustración en el siglo dieciocho, ha sido entrenado para pensar en términos mayoritariamente seculares.

Está bajo el fuego de las armas de la incredulidad, caricaturizado como un ingenuo sobrenaturalista en una era en la que lo sobrenatural está siendo eliminado como estructura explicativa válida ... el ministro contemporáneo ha tratado de deshacerse de todo el bagaje sobrenatural innecesario para viajar más ligero y reducir su brecha de credibilidad. A su peor nivel, el resultado ha sido una alternativa "más secular". ... La demonología fue la primera carga de "bagaje sobrenatural" que fue aligerada en la reconstrucción de la teología de la era moderna.

Con la penetración de esta cosmovisión occidental secularizada en la Iglesia, no es extraño que la guerra espiritual se trate raras veces en la Iglesia de hoy, o incluso en la educación cristiana superior. Es muy clara la razón por la que la cosmovisión es un tema crucial al abordar la guerra espiritual.

La cosmovisión bíblica

La cosmovisión de "las naciones" en el Antiguo Testamento y de las culturas griega y romana del Nuevo Testamento es una combinación de animismo y politeísmo (creencia en muchos dioses), de modo que Israel y la Iglesia primitiva siempre eran desafiados a adoptar una creencia o práctica errónea. Sin embargo, la cosmovisión enseñada por los profetas y los apóstoles es la que necesitamos adoptar.

La cosmovisión bíblica tiene tres planos funcionales: el divino, el angelical y el de la gente y las cosas. Es importante decir que cuando hablamos de estos planos, no estamos refiriéndonos a niveles espaciales sino a planos existenciales. Dios, ciertamente, no está limitado a un plano determinado y lejano en el espacio exterior. Él está presente en todas partes de su creación. Pero Dios es el único ser presente en el plano divino, no Dios y sus ángeles, y ciertamente no Dios y Satanás. Algunos cristianos temen tanto al diablo que le atribuyen cualidades divinas. Algunos incluso han reconocido que lo ven como la contraparte de Dios, siendo Dios el eterno bien y Satanás el eterno mal. Satanás no es el eterno nada. Él es un ángel caído y no tiene los atributos divinos que se le adjudican.

Figura 3: La cosmovisión bíblica

El plano angelical es con el que más problemas tienen los occidentales. Prefieren no ver a los espíritus como partes funcionales de nuestro mundo, porque su existencia en nuestro orbe material no es compatible con el pensamiento ilustrado y el materialismo científico. Por lo tanto, acomodan a todos los seres espirituales en el plano sobrenatural.

Como el mundo que salió de la mano creativa de Dios, el plano angelical está densamente poblado. Hay varios tipos de ángeles, entre los cuales están los querubines, los serafines, los arcángeles, los principados y las potestades. Existen doce o trece términos bíblicos para los ángeles y se les encuentra en la Biblia efectuando muchas funciones. Adoran a Dios en el cielo, ejecutan órdenes divinas en relación con la creación de Dios y la gente en la tierra. Era un arreglo obviamente bueno, porque provino de la mano de Dios. Dios mismo lo declaró como "Bueno en gran manera".

Por desdicha, ese "Bueno en gran manera" no permaneció puesto que uno de los más altos ángeles decidió dirigir una rebelión contra Dios y su autoridad. No tenemos un relato detallado de lo que sucedió, pero parece ser que Lucifer decidió que le gustaría ser igual a Dios. Aparentemente persuadió a un grupo de ángeles para que lo acompañaran en una revuelta. A menudo nos referimos a ellos como *ángeles caídos.* Vemos a Satanás tratando de actuar como Dios cuando tentó a Jesús a que se postrara para adorarlo (ver Lucas 4:5-7). Pablo nos dice que al final de este tiempo el diablo vendrá en el "hombre de pecado". Y que: "Se levanta contra todo lo que se llama Dios o es objeto de culto; tanto que se sienta en el templo de Dios como Dios, haciéndose pasar por Dios" (2 Tesalonicenses 2:3-4). Parece que tiene una gran ambición: ser Dios o, por lo menos, ser como Dios. Él sabe que nunca va a alcanzar esa meta (ver Apocalipsis 12:12), por eso está consagrado a oponerse a todos los propósitos de Dios para el resto de su creación.

¿Cuál es el verdadero problema?

Parece ser que el problema principal de Satanás es que Dios tiene toda la gloria y que él no tiene ninguna. Su objetivo ahora es tomar la gloria para sí mismo y privar a Dios de la suya. No puede lanzar un ataque frontal contra el trono de Dios, pero puede tener cierto grado de satisfacción al provocar que los hijos de Dios en la tierra tropiecen y —por lo tanto— fracasen en glorificar a Dios en sus cuerpos. A través de los Diez Mandamientos, Dios le ordenó a Israel, como su pueblo escogido, que no usara el nombre de Dios en vano (ver Éxodo 20:7). Por lo general, hemos entendido que esto significa que no debemos usar el nombre de Dios en una maldición o en un improperio. Eso es ciertamente parte del significado, pero Dios también le estaba hablando a su pueblo en cuanto a que decían ser sus hijos y no vivían en una manera que lo glorificaba. Si profesamos a Cristo, pero vivimos para el diablo, eso destruye nuestro testimonio y deshonra el nombre de Dios.

Israel vivía en medio de las "naciones": los gentiles, aquellos que no conocían al Dios de Israel. La metodología evangelística principal en ese tiempo para Israel era vivir en tal obediencia y confianza en Dios que este pudiera revelarse a través de ellos a las otras naciones. Los gentiles verían a Israel y dirían: "No conocemos un Dios como el suyo". Pero cuando Israel pecaba y no vivía para la gloria de Dios, ese mensaje era erróneo, e Israel usaba el nombre de *hijos de Dios* en vano.

En el Nuevo Testamento, Pablo nos dice que:

"Si, pues, coméis o bebéis, o hacéis otra cosa, hacedlo todo para la gloria de Dios".
—1 Corintios 10:31

Llamarnos a nosotros mismos hijos de Dios y no vivir en una manera que refleje su gloria es usar el nombre de Dios en vano y darle satisfacción a Satanás. La idea de agradar a Satanás más que a Dios debería ser motivación suficiente para vivir de maneras que honren a Dios.

Así que, el empuje principal de la guerra espiritual no son las manifestaciones demoníacas sensacionales. La batalla principal es por el control de nuestra vida diaria. El problema es que, si nuestra cosmovisión no incluye una correcta visión de Dios y no considera a Satanás como parte de la pelea, lucharemos contra sangre y carne, pero olvidaremos que somos seres espirituales luchando contra principados y potestades.

"Porque no tenemos lucha contra sangre y carne, sino contra principados, contra potestades, contra los gobernadores de las tinieblas de este siglo, contra huestes espirituales de maldad en las regiones celestes".
—Efesios 6:12

El peligro del sincretismo

A menos que la cosmovisión de uno se conforme a la de la Biblia al momento de la conversión, o en las primeras etapas del discipulado, es muy posible que se desarrolle cierto sincretismo. Sincretismo es un término técnico para el resultado de que la gente diga creer una cosa pero que demuestre, con su conducta, que realmente cree algo bastante diferente, o de que diga creer cosas que son contradictorias. Por ejemplo, a un cristiano, en una sociedad animista, se le acercó otro hermano en la fe para hablarle acerca de un pecado en la vida del primero. Este hombre, en vez de agradecerle a su amigo, se molestó mucho. Por lo que le dijo: "Nunca te perdonaré por esto. Le voy a decir a la iglesia que sí te perdoné, porque sé que es lo que se supone que tengo que hacer; pero los ingos (su tribu), ¡nunca perdonamos!".

Él estaba diciendo que profesaba ser cristiano, que reconocía a Cristo como su Salvador y Señor, y la Biblia como la autoridad definitiva de fe y vida, pero —en la realidad— sus acciones demostraban que valoraba sus creencias tribales más que las Escrituras. Su cosmovisión cultural tenía preeminencia sobre la bíblica.

No podemos entender completamente la Biblia y su mensaje sin reconocer por completo la cosmovisión de guerra que presenta. Por cosmovisión de guerra queremos decir que la batalla cósmica entre Dios y los dioses del Antiguo Testamento así como entre el reino de Dios y el reino de Satanás, en el Nuevo Testamento, es una contienda real. Dios, en su soberanía, ha garantizado el resultado de la guerra, pero las batallas que vivimos día con día requieren que usemos la mente y la voluntad que él nos ha dado y que usemos la armadura y las armas que nos ha provisto.

La cosmovisión bíblica toma en cuenta la soberanía de Dios. Él es la fuente definitiva de poder en el universo. Él es, en efecto, la única fuente de poder. Él ha delegado poder a los ángeles y al hombre, pero él es la fuente exclusiva de ese poder. Tanto los ángeles como los hombres pueden hacer mal uso del poder que se les ha dado, pero no producen poder fuera del acto creativo de Dios.

Muchas cosmovisiones incluyen otras fuentes de poder: una fuente de poder impersonal, varios tipos de espíritus o incluso al hombre como su propio dios. En el animismo, si se cree en un dios, es esencialmente impotente; no soberano, en absoluto. En el hemisferio occidental, Dios puede ser reconocido pero, muy a menudo, es tratado como un Dios teístico, Uno que ha creado el mundo, pero que ahora se sienta en su trono celestial y no interfiere con el desenvolvimiento del mundo. Sin embargo, a menos que veamos a Dios como la única fuente de poder vamos a seguir recurriendo a otras fuentes para conseguir el poder que necesitamos o que, al menos, pensamos que necesitamos.

Por ejemplo, en un país de África Oriental, una agencia evangélica misionera estaba lista para entregar el liderazgo del ministerio a los líderes africanos de la iglesia que habían plantado. Se había considerado a dos hombres como candidatos para el puesto. Uno de ellos recurrió a un médico brujo para hacerse de un amuleto y aumentar sus posibilidades de ser escogido como líder de la iglesia. ¿Qué era lo que ese hombre estaba diciendo en cuanto a su sistema de creencias real? Lo que estaba diciendo era: "No estoy seguro del poder de Dios, pero realmente creo en el poder del médico brujo, así que me voy a cubrir las espaldas". Esto es sincretismo de lo peor: el del liderazgo. Era obvio que el candidato a obispo de su iglesia no había adoptado una cosmovisión en la cual Dios es soberano como parte de su conversión al cristianismo.

Aunque censuramos ese tipo de sincretismo en África tenemos el mismo problema en occidente. Solo que en nosotros, a menudo, se manifiesta como actuar asentados en la cosmovisión secularizada de nuestra cultura occidental y no basados en la cosmovisión de las Escrituras. Decimos que creemos en la Biblia, pero también leemos el horóscopo y acudimos a una línea psíquica privada. Es por eso por lo que nosotros, los autores, hemos decidido dedicarle todo un capítulo a este tema crucial.

Conclusión

Es claro que, de la cosmovisión que tengamos, depende cómo entendamos la guerra espiritual. También es claro que la cosmovisión bíblica es esencial si es que vamos a vivir para la gloria de Dios y ser: "Más que vencedores" *en Cristo*. Pablo muestra el contraste entre la cosmovisión secular y la de la Biblia, y nos advierte contra el sincretismo en Colosenses 2:8-10:

> Mirad que nadie os engañe por medio de filosofías y huecas sutilezas, según las tradiciones de los hombres, conforme a los rudimentos del mundo, y no según

Cristo. Porque en él habita corporalmente toda la plenitud de la Deidad, y vosotros estáis completos en él, que es la cabeza de todo principado y potestad.

Esto es también lo que Pablo consideraba cuando nos instruyó lo siguiente: "No os conforméis a este siglo, sino transformaos por medio de la renovación de vuestro entendimiento" (Romanos 12:2). La cosmovisión bíblica es esencial para una mente renovada. También es un ingrediente indispensable para entender la guerra espiritual y vencer.

CUATRO

MÁS QUE TÉCNICA

Cuatro

MÁS QUE TÉCNICA

En la mayoría de las guerras hay un elemento de suspenso o incertidumbre. Muchas de las veces, nadie sabe quién será el ganador; por lo menos, no desde el punto de vista de las personas involucradas.

Esta guerra ya fue ganada

Un rasgo distintivo de la guerra espiritual en la que estamos participando es que ya sabemos cómo va a terminar. Necesitamos distinguir entre las batallas que forman la guerra y el propio conflicto bélico. Puede ser que perdamos algunas batallas, pero el resultado de la guerra no está en duda. Cristo lo determinó cuando pagó el castigo por nuestro pecado en la cruz y cuando conquistó a la muerte al levantarse de la tumba. El escritor de Hebreos lo pone de esta manera:

> Así que, por cuanto los hijos participaron de carne y sangre, él también participó de lo mismo, *para destruir por medio de la muerte al que tenía el imperio de la muerte, esto es, al diablo,* y librar a todos los que por el temor de la muerte estaban durante toda la vida sujetos a servidumbre.
> Hebreos 2:14-15, énfasis añadido.

Podemos incluso decir que tenemos todos los recursos que necesitamos para ganar cada batalla. La única pregunta es si vamos o no a pelear al estilo de Dios, usando las armas, la armadura y la estrategia que él nos provee. Este principio se ilustra en las batallas que peleó Israel con sus enemigos en el Antiguo Testamento. Cuando ellos actuaban en fe y obediencia, siempre ganaban, no importaba qué tan desproporcionadas parecían las probabilidades militares.

Gedeón es un gran ejemplo de eso. Cuando el ángel del Señor fue a llamarlo para ser líder de las fuerzas de Israel, Gedeón dijo: "He aquí mi familia es pobre en Manasés, y yo el menor en la casa de mi padre". El ángel le recordó que el asunto no tenía que ver con quién era *él*, sino con quién es *Dios*. El ángel respondió: "Haz las cosas a la manera de Dios y Dios se hará responsable de los resultados". Así que decidió obedecer y, con trescientos hombres armados solo con antorchas, cántaros de barro y trompetas, hicieron huir a todo el ejército de los madianitas (ver Jueces 6–7).

Cuando Israel no se molestaba en consultar a Dios antes de una batalla y trataban de resolver las cosas por sí mismos, siempre perdían. En Hai, por ejemplo, hicieron su estudio demográfico y tomaron decisiones estratégicas basándose en su propia evaluación de la situación. Para su sorpresa y consternación, fueron rotundamente derrotados por los hombres de la pequeña aldea de Hai. En efecto, treinta y seis familias israelitas se quedaron sin esposo y sin padre después de esa batalla abortiva. Hicieron las cosas a su manera, aparentemente sin siquiera orar por ellas, y obtuvieron lo que su propia fuerza podía producir (ver Josué 7–8).

Este principio continúa operando en la guerra en la que nos encontramos metidos hoy en día. Haga las cosas a la manera de Dios y él se responsabiliza por los resultados. Si hacemos las cosas a nuestro modo, nosotros seremos responsables de esos resultados.

Así que, si la consecuencia de la batalla a la que hemos sido llamados a pelear depende de que hagamos las cosas a la manera de Dios, debemos asegurarnos de que nuestra relación con él esté funcionando y que se encuentre al día. También necesitamos estar seguros de que estamos en contacto con el Señor a través del conocimiento de su Palabra y de una vida de oración significativa.

¿Es magia o fe?

La guerra espiritual no es una cuestión de técnicas: decir las palabras correctas, hacer las cosas apropiadas, usar los objetos necesarios, pronunciar las oraciones indicadas. Eso es pensamiento mágico. Aquellos que practican la magia suponen que existe un poder que puede ser manipulado al usar las técnicas correctas. Sin embargo, eso no es cristianismo; no podemos manipular a Dios.

En nuestra era tecnológica, podemos no pensar esto en términos mágicos, pero nos hemos vuelto gente de manuales e instructivos. Como tratamos con objetos físicos, necesitamos saber cómo armarlos y hacerlos funcionar. Recibimos instructivos con cada aparato, vehículo y pieza de los bienes eléctricos que adquirimos. ¡Incluso los juguetes vienen con su instructivo! Aun así, Dios no nos da manuales para manipular el poder espiritual. La Biblia algunas veces la comparan con los manuales que recibimos de cualquier aparato, pero hay una gran diferencia. Los instructivos nos enseñan cómo manejar un objeto. La Biblia nos enseña cómo relacionarnos con el Creador del objeto.

Si la batalla de Jericó hubiera sido peleada por los estadounidenses, cuando hubiera terminado todo el asunto, se le habría encomendado a una comisión de trabajo que escribiera un manual sobre *Cómo tomar una ciudad doblemente amurallada*. El único problema es que, si dicho manual se hubiera escrito basado en la experiencia de Jericó, nunca habría sido útil, porque Dios hacía que su pueblo regresara a él personalmente para recibir nuevas indicaciones en cada nueva batalla. Eso no quiere decir que no podamos aprender de nuestra participación en la batalla, pero sí que nuestra confianza no puede estar puesta en un manual que nos diga qué técnicas utilizar en nuestra batalla contra Satanás. No es un asunto de técnica, sino de relaciones. Nuestra relación con nuestro Señor es básica para entender y manejar nuestro trato con el enemigo. Con eso presente, estudiemos esas relaciones.

Algunas relaciones de guerra

La cosmovisión bíblica que desarrollamos en el último capítulo provee un trasfondo para estudiar algunas relaciones clave en nuestra guerra espiritual. Comenzando con el concepto de los tres planos funcionales de existencia: Dios, los ángeles y la gente, primero agreguemos el hecho de que existen creyentes e incrédulos en el plano de las personas. Estos dos grupos están separados por la cruz. Los creyentes son aquellos que han ejercido fe salvadora sobre el hecho de que Cristo llevó el castigo por todos sus pecados cuando murió en lugar de ellos en la cruz. Los incrédulos son los que no han hecho esto. La oportunidad de establecer una relación con Dios se nos ofrece a través de su *gracia maravillosa*. Él planeó esto aun antes de habernos creado (Efesios 1:4-5), y puso en marcha el plan de acción para hacerlo posible (ver Apocalipsis 13:8). Ella es hecha efectiva en nuestra vida cuando la recibimos por fe (ver Efesios 2:8-9). Ese acto de fe nos lleva a una relación completamente nueva con Dios; por lo que vamos a estudiarla. Sin embargo, antes vamos a echarle una pequeña mirada a la relación entre Satanás y ambos: los incrédulos y los creyentes, como se encuentra explicada en la Biblia.

La relación de Satanás con el incrédulo

Ya hemos resaltado que la primera táctica de Satanás es el engaño. Se nos dice en Apocalipsis 12:9 que él es el que "Engaña al mundo entero" (RVR1960) o que "Seduce al mundo entero" (Biblia de Jerusalén). Él utiliza el engaño como su medio de control con la gente. Juan nos dice que:

"El mundo entero está bajo el maligno".
—1 Juan 5:19

Pablo afirma que el inconverso sigue:

"La corriente de este mundo, conforme al príncipe de la potestad del aire".
—Efesios 2:2

El engaño es una táctica muy inteligente y eficaz porque, si alguien lo ataca, usted se da cuenta. Se puede defender a sí mismo, sea el ataque verbal o físico. Si alguien lo tienta, usted se da cuenta. Tiene una decisión que tomar. Pero si alguien lo engaña, usted no lo nota. Si usted se hubiera dado cuenta no habría sido engañado. Usted acepta lo que se le ha dicho que es la verdad y procede a actuar conforme a ella.

En el capítulo anterior vimos que los demagogos, los dictadores y los líderes de sectas han usado esta estrategia desde el momento en el que Satanás la introdujo al huerto de Edén. La gente ha sido dirigida a efectuar cosas extravagantes cuando han caído en el engaño. Satanás ha tenido muchos años de experiencia para desarrollar su habilidad de decir mentiras tan inteligentemente que ni siquiera pensamos en la posibilidad de que lo que está diciendo pueda ser otra mentira. En momentos podemos reconocer que hemos sido engañados, pero nuestro orgullo no nos permite aceptarlo.

Figura 4: Satanás y los incrédulos

El engaño es un eficaz medio de control. En efecto, Satanás solo les tiene que decir una mentira a los incrédulos para mantenerlos bajo su señorío. La mentira más frecuente que dice el enemigo es que hay otro camino para encontrar la verdadera vida aparte de la cruz de Cristo. Satanás es enemigo de la cruz. Fue en la cruz que él fue desarmado (ver Colosenses 2:15) y finalmente destruido (ver Hebreos 2:14-15). Satanás no es enemigo de la religión. Él va a sugerir cualquier tipo de idea religiosa si piensa que puede usarla para mantener alejada a la gente de la cruz.

Pablo nos dice que: "El dios de este siglo cegó el entendimiento de los incrédulos, para que no les resplandezca la luz del evangelio de la gloria de Cristo, el cual es la imagen de Dios" (2 Corintios 4:4). La persona engañada cree una mentira y, por lo tanto, es ciega a la verdad. A Satanás no le importa qué tanto nos acerquemos a la verdad, con tal que la pasemos de largo. Por eso uno de sus disfraces favoritos es aparecer como un ángel de luz o un ministro de justicia (ver 2 Corintios 11:13-15). Cuando la gente piensa que están siendo muy religiosos en lo que piensan y en lo que hacen, asumen que deben estar bien. "Solo necesitas ser sincero", diría el enemigo.

"La religión es algo muy personal. Tienes que descubrir lo que te funciona a ti". Incluso un estudio del mundo, a vuelo de pájaro, indica que el diablo ha sido bastante exitoso en esto. Uno puede encontrar sistemas de creencias religiosas de todo tipo, y el pensamiento prevaleciente de nuestra cultura contemporánea es que cualquiera de ellas puede llevarlo a usted al destino que desee. Hoy en día es aceptado por nuestra sociedad hablar acerca de espiritualidad, pero no es educado creer que Dios ha hablado con autoridad en las Escrituras y en la Persona de su Hijo. Así que sigue siendo verdad que todo el mundo incrédulo: "Está bajo el maligno" (1 Juan 5:19), y el diablo lo mantiene así con el simple recurso de la mentira.

La relación de Satanás con el creyente

Como nuestra preocupación en este libro es la guerra espiritual, consideraremos ahora la relación entre Satanás y el creyente.

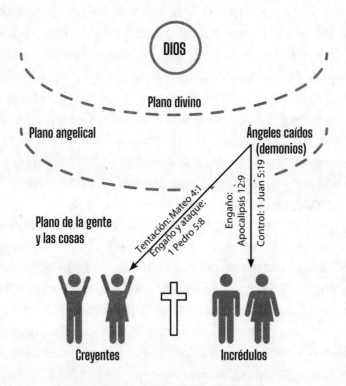

Figura 5: La relación de Satanás y el creyente

Cuando una persona acude a la cruz y es trasladado del campo de Satanás al de Dios, muchas cosas cambian. Pablo dice que esa persona:

> "Nueva criatura es; las cosas viejas pasaron; he aquí todas son hechas nuevas".
> —2 Corintios 5:17

Una cosa que no cambia es la táctica de Satanás. Él sigue siendo el mentiroso y el engañador que siempre ha sido (ver

Juan 8:44; Apocalipsis 12:9). No nos volvemos inmunes a su engaño solo por habernos convertido en seguidores de Cristo. De hecho, vamos a descubrir que sus ataques aumentan de intensidad considerablemente, porque ahora tenemos la capacidad de vivir para la gloria de Dios (ver 1 Corintios 10:31), y tenemos el potencial de ayudar a la gente a ser trasladados del imperio de Satanás al reino de Dios. Por lo tanto, se preocupa más en neutralizar a un hijo de Dios que en molestar a aquellos que ya están en su reino.

Utilizamos la palabra *neutralizar* deliberadamente. Satanás sabe que no va a lograr que muchos creyentes renuncien a su fe y le den la espalda al Señor. Pero también sabe que puede engañarnos hasta el punto de que no llevemos nuestra vida cristiana de una forma en la que le demos gloria a Dios y no lo resistamos firmes en la fe (1 Pedro 5:9). El efecto de eso es que nos neutraliza en la batalla. No estamos adorando al diablo, pero tampoco le estamos haciendo mucho daño. Puede ser más cómodo estar sentado en la banca, pero esa no es la manera de pelear una guerra.

Cuando una persona comienza a afianzar su decisión de servir al Señor, puede esperar que los ataques del enemigo aumenten. Podríamos decir que el cristiano es el objetivo de Satanás, pero el que participa en el ministerio es su blanco principal. Algunas veces la gente pregunta: "Antes de que me entregara completamente para buscar y servir al Señor, no tenía los problemas que tengo ahora. ¿Por qué?". La respuesta es: "Bienvenido a la guerra. Cuando uno se pone al frente de la batalla, puede esperar que le disparen".

Suponga que usted es un hombre de infantería al frente de una batalla militar y puede ver los soldados enemigos.

Hay algunos con galones en sus mangas, pero hay uno con un águila o inclusive una estrella en su hombro. ¿A quién le dispararía usted primero? Lo único razonable es pensar que si se saca a un líder de la batalla va a afectar al enemigo mucho más que si un soldado de a pie es derribado. Satanás no es ignorante. Es necio por haberse rebelado contra Dios, pero conoce a las personas estratégicas a las cuales disparar en el campo de su enemigo.

El problema es que a menudo, por sus tácticas engañosas, los ataques de Satanás no son reconocidos como tales. Olvidamos que nuestra lucha no es contra sangre y carne, sino contra principados y potestades. Como dijimos en la discusión acerca del mundo, la carne y el diablo, no es correcto ver al diablo detrás de cada problema, pero tampoco es correcto no ver su papel en el problema. Muchos pastores han caído sexualmente porque creyeron la mentira del diablo de que no iban a ser tentados en esa área. He visto que les ha sucedido a colegas míos muy cercanos a mí y que, en efecto, me dijeron: "Nunca pensé que iba a ser tentado a hacer eso". Lo cual, por supuesto, es una tontería. Mientras estemos en la carne, podemos ser tentados.

¿De dónde obtengo poder?

Dos de las trampas más eficaces de Satanás son la codicia de sabiduría y la codicia de poder. En un sentido, todo es un asunto de sabiduría o, más exactamente, de verdad; incluso de verdad acerca del poder. Aun así, el asunto del poder es tan prominente en la experiencia de la gente alrededor del mundo que lo tratamos como si fuera un tema aparte.

Satanás es un ángel poderoso. Por la razón que sea, Dios no le quitó el poder que le delegó como ángel cuando se rebeló contra él y trató de establecer su propio reino. Podemos estar seguros de que este poder es limitado. Dios es la fuente de todo poder, por lo que delega poder como cree que sea necesario. Satanás trata de crear la impresión de que es tan o más poderoso que Dios, mentira que Hollywood ayuda mucho a propagar. Por ejemplo, el pobre sacerdote que aparece en la película *El Exorcista* no era rival para Satanás. La gente que se ha involucrado en la adoración satánica da testimonio de ese engaño entre los seguidores del diablo.

Satanás es como un animal atado a una correa. El animal puede ir tan lejos como la correa se lo permita, pero no más allá. Puede actuar libremente dentro del área definida por el largo de su correa, pero ese cinturón delimita su área de actividad. Satanás está en la correa de Dios y, aun cuando puede hacer muchas cosas dentro del área definida por Dios, ciertamente no puede ir más allá de los límites que Dios ha establecido. Si él pudiera, ya habría reducido la creación al caos desde hace mucho tiempo. Él no está a gusto con que "Los cielos cuentan la gloria de Dios" (Salmos 19:1) ni con que los hijos de Dios puedan vivir para la gloria de Dios.

Sin embargo, aunque su poder sea limitado, no quiere decir que no lo tenga. Él es capaz de hacer cosas sobrenaturales. Dios le dio permiso para incitar a un enemigo en contra de Job y enviar tropas para destruir sus propiedades e hizo que Job sufriera físicamente, pero no le permitió tocar su vida (ver Job 1—2). Le pudo dar al gadareno fuerza sobrenatural para romper cada cadena con la que la gente trataba de retenerlo, pero este no pudo resistir la autoridad de Jesús (ver Marcos 5:1-13). Pudo impedir que Pablo llevara a cabo una obra que había planeado, pero no pudo evitar que la Iglesia fuera sembrada en ese mismo lugar (ver 1 Tesalonicenses 2:18).

Sin embargo, también es cierto que, si el pueblo de Dios obedecía y confiaba en Dios, podían vivir libres del control que Satanás tratar de volver a ganar sobre ellos. El pacto que Dios hizo con su pueblo puede expresarse de la siguiente manera: "Si confías en mí y me obedeces, te daré la tierra prometida con todas sus bendiciones, y te daré la victoria sobre todos los ataques de tus enemigos. Si no confías en mí y no me obedeces, voy a permitir que tus enemigos te conquisten y te priven de mis bendiciones".

Dios le dijo a Israel a través de Moisés:

> A los cielos y a la tierra llamo por testigos hoy contra vosotros, que os he puesto delante la vida y la muerte, la bendición y la maldición; escoge, pues, la vida, para que vivas tú y tu descendencia; amando a Jehová tu Dios, atendiendo a su voz, y siguiéndole a él; porque él es vida para ti, y prolongación de tus días; a fin de que habites sobre la tierra que juró Jehová a tus padres, Abraham, Isaac y Jacob, que les había de dar.
>
> Deuteronomio 30:19-20

Note la comparación: vida y muerte, bendiciones y maldiciones. Nos gusta hablar de las bendiciones y tendemos a esperarlas todo el tiempo. Pero no nos gusta pensar en las maldiciones. En este contexto, la maldición es simplemente que Dios retira su protección y permite que el enemigo nos ataque. En el Antiguo Testamento era un enemigo humano. Hoy es un enemigo espiritual. El principio es el mismo. Algunas personas enseñan que la protección de Dios para sus hijos es automática: "Si eres cristiano, Satanás no te puede hacer nada". Eso no es lo que las Escrituras enseñan. Hay algunas cosas que Satanás no puede hacer. No puede sacar a Dios de nuestra vida. No puede hacer que pequemos. No nos puede tentar más allá de lo que podamos soportar (ver 1 Corintios 10:13). No puede penetrar el escudo de la fe, si conocemos la verdad y decidimos creerla. Pero si no estamos actuando basados en la fe y si no estamos siguiendo las claras indicaciones de Dios, Satanás puede ganar terreno en nuestra vida.

El nuevo pacto de gracia está escrito en nuestros corazones, no en tablas de piedra, y entramos en este pacto por fe. Sin embargo, si no confiamos y obedecemos, perdemos el derecho a las bendiciones de Dios. Jesús les dijo a sus discípulos en el aposento alto:

> "Si me amáis, guardad mis mandamientos ... El que tiene mis mandamientos, y los guarda, ese es el que me ama; y el que me ama, será amado por mi Padre, y yo le amaré, y me manifestaré a él".
> —Juan 14:15, 21

Puede ser que la falta de fe y de obediencia no afecten nuestra salvación, pero sí la manera en que nos relacionamos con nuestro Padre celestial. Satanás no nos puede robar nuestra posición como hijos de Dios, pero puede evitar que esa relación sea lo que Dios quiere que sea; por lo que él va a hacer todo lo posible para lograrlo.

Una de esas cosas es tentarnos con fuentes incorrectas de sabiduría y poder. Recurrir a prácticas ocultas para obtener sabiduría y poder es como decir: "Yo no creo que Dios sea fiel a su promesa de suplir todas mis necesidades. No creo que él nos haya dado *poder supereminente grande* (ver Efesios 1:19). Por eso necesito probar estas cosas". No se necesita tener un discernimiento especial para reconocer que un pensamiento así viene del infierno, no de un Padre amoroso. Pero Satanás es un engañador —no solo un mentiroso, sino un embustero muy inteligente— y que ha tenido éxito en seducir al pueblo de Dios de todas las eras con sus ofertas de poder y sabiduría para enfrentar las circunstancias de la vida. No hay razón para suponer que haya cambiado desde tiempos bíblicos. Satanás sigue en el negocio de usar su poder engañador de cualquier forma que pueda. Él hace esto en dos maneras completamente diferentes. La primera es provocar que la gente le tenga miedo. Quiere ser temido porque anhela ser adorado. Si tememos a Satanás más que a Dios, elevamos sus limitados atributos por encima de los atributos ilimitados de Dios.

Él quiere intimidarnos con su poder. Como es un ser espiritual sobrenatural, Satanás puede provocar que aquellos de nosotros que estamos confinados al mundo espaciotemporal del planeta tierra le temamos a él y a lo que él dice que puede hacer. Tiene la habilidad de aparecer en formas amenazantes y de intimidarnos con visiones de objetos que crean temor. Los ángeles caídos no tienen cuerpos físicos y no pueden tomar cuerpos, pero pueden aparecer en una forma visible a los humanos. Aunque las Escrituras no hablan de esto directamente, casi siempre se asume que esto fue lo que sucedió cuando Satanás tentó a Jesús en el desierto. De cualquier forma, la verdad es que mucha gente ha visto figuras demoníacas en una gran variedad de situaciones. Cualquier demonio que se aparezca, en realidad, no tiene un cuerpo físico, pero aun así aparece.

A los demonios les gusta usar esta táctica especialmente con los niños. Ellos son muy impresionables y pueden ser asustados fácilmente, sobre todo en la noche. Cuando los niños reportan haber visto "cosas" en sus cuartos, los padres a menudo miran por encima y reportan que no hay nada ni nadie. No consideran la posibilidad de que el niño, en realidad, esté viendo algo en su mente con una visión espiritual que no depende en sí de lo que esté viendo con sus órganos físicos de la vista. Consulte mi libro (Neil), *Protección espiritual para sus hijos,* para ampliar la información sobre este tema.

La trampa de lo oculto

Satanás no siempre aparece como un ser temible o maligno. De hecho, raras veces usa su traje de Satanás. Si se mostrara en mallas rojas y cuernos con un trinche en la mano, lo reconoceríamos al instante. Al tratar con los cristianos especialmente, prefiere el disfraz de *ministro de justicia.* Viene como un amigo que nos quiere ayudar.

Él sabe que los humanos tenemos la necesidad básica de sentirnos valiosos. Si no estamos encontrando eso en nuestra relación con Dios, lo vamos a buscar en otra parte. Un elemento de ese anhelo de dignidad es sentir poder: poder para ser alguien valioso y hacer cosas significativas. Sentir que uno no tiene nada que alguien pueda querer o necesitar, que uno es el último de la fila, que uno no es digno de ser amado, es lo más terrible que le puede suceder a una persona.

Satanás sabe eso, así que promueve ese tipo de pensamiento, el cual nos prepara para lo que ciertamente va a ser una de sus dos siguientes tentaciones. Nos va a sugerir, o la autodestrucción como un escape del problema (adicciones o suicidio), o conseguir poder de otra fuente para tratar de resolver el problema. Jesús aclaró que Satanás ha venido para hurtar, matar y destruir (ver Juan 10:10), así que no es sorprendente que le sugiera a la gente que está en contra de que se maten a sí mismos. El suicidio es un problema creciente en el mundo. Un sorprendente número de adolescentes confiesa haber tenido más que solo pensamientos fugaces acerca de tomar sus propias vidas. Es la tercera causa de muerte entre los jóvenes de quince a veinticuatro años. Es la octava causa de muerte entre las personas de todas las edades en Estados Unidos.

Sin embargo, algunas veces es posible que Satanás nos sugiera que puede darnos el poder que necesitamos para resolver las circunstancias de nuestra vida. Recuerde, no está usando su traje de Satanás en este momento. Está sugiriendo una fuente de información útil acerca de dónde hay poder disponible para ayudarnos a manejar los problemas de la vida. Esto incita a la persona a entrar al mundo de lo oculto. Este mundo dice que hay una fuente de poder y sabiduría diferente de Dios, una fuente que está lista y a la disposición de cualquiera que decida usarla.

Ya dijimos que Satanás tiene algo de poder que puede usar en la forma que Dios le permita. El problema es que a él no le interesa ayudarnos con nuestra necesidad de poder y de dignidad. Él nos va a dar suficiente poder e información para mantenernos en busca de más, pero el precio de tomar de esa fuente será cautiverio en alguna otra área de nuestra vida. Algunas personas cuestionan el hecho de que algo que parece ser tan bueno provenga del diablo. La respuesta es que el enemigo cobra precios muy altos. Él no dice, al principio, cuál va a ser el costo. Él es un maestro y artista de la estafa. Ha tenido muchos años de experiencia, y nos conoce mejor de lo que nos conocemos nosotros mismos. Él sabe el área de nuestras vidas en la que podemos ser tentados más fácilmente. Para algunas personas, esta necesidad de poder es tan grande que son víctimas fáciles de las ofertas de poder de las fuentes de lo oculto.

Otra faceta de la trampa de lo oculto es que se especializa en técnicas. Dice que si uno conoce las cosas que debe usar, las palabras que debe decir y las fórmulas que debe aplicar, puede obtener el poder o la sabiduría que está buscando. Somos atraídos por la moda del *hágalo usted mismo*. Las librerías y las redes sociales están llenas de obras y libros que promueven el *hágalo usted mismo* en todo tipo de temas. Si se trata de hacerle reparaciones a la casa, esos libros pueden ser de mucha ayuda, pero si tiene que ver con el trato de los problemas humanos, pueden desviarnos bastante si no nos guían de regreso a la relación con el

Creador. Podemos descansar seguros de que encontrar el poder espiritual que necesitamos para esta vida es un asunto que requiere mucho más que técnica. Y necesitamos resistir el engaño de la sabiduría y el poder falsos.

La manera en la que Dios ve lo oculto

Dios no nos ha dejado ningún espacio para dudar acerca de cómo ve él las prácticas ocultistas. Por eso le dijo a su pueblo, cuando estaban a punto de entrar en la tierra prometida:

> Cuando entres a la tierra que Jehová tu Dios te da, no aprenderás a hacer según las abominaciones de aquellas naciones. No sea hallado en ti quien haga pasar a su hijo o a su hija por el fuego, ni quien practique adivinación, ni agorero, ni sortílego, ni hechicero, ni encantador, ni adivino, ni mago, ni quien consulte a los muertos. Porque es abominación para con Jehová cualquiera que hace estas cosas, y por estas abominaciones Jehová tu Dios echa estas naciones de delante de ti. Perfecto serás delante de Jehová tu Dios.
> Deuteronomio 18:9-13

Si dichas prácticas eran abominables para el Señor en ese tiempo, podemos estar seguros de que lo siguen siendo hoy, y algunas de ellas siguen siendo practicadas en la actualidad: adivinación, brujería, espiritismo, incluso sacrificios de niños. Dios dijo que por esas abominaciones era que estaba permitiendo que los hijos de Israel desalojaran a los cananeos.

Por desdicha, Israel no observó la advertencia que les había dado Dios y pronto comenzaron a participar de las prácticas malignas de los pueblos de Canaán. Al hacer eso, Dios retiró su mano protectora y permitió que sus enemigos los derrotaran. Por eso Israel y Judá fueron llevados cautivos a naciones paganas. No debería, pues, sorprendernos que nos encontremos en algún tipo de cautividad cuando nos involucremos en prácticas que siempre han sido condenadas por el Dios que profesamos amar y obedecer.

Una batalla que se puede ganar

Estamos en una guerra espiritual, por lo que es una necedad pensar lo contrario; pero esto ciertamente no sugiere que seamos víctimas impotentes en la batalla. Tenemos todos los recursos necesarios para ganar, pero debemos usarlos. No se nos promete protección automática por el solo hecho de ser cristianos ni nos garantiza el camino a la victoria el usar las técnicas apropiadas según el mundo. Israel tenía que hacer cosas a la manera de Dios para poder vencer a sus enemigos y ese principio no ha cambiado. Somos libres de vivir como Dios ha ideado que vivamos cuando lo hacemos de acuerdo con la verdad. Así que, démosle una mirada más de cerca al papel de la verdad en nuestra relación con Dios y con nuestro enemigo.

CINCO

EN VERDAD, ¿QUIÉN SOY?

Cinco

EN VERDAD, ¿QUIÉN SOY?

¿Qué diferencia hace lo que pueda usted pensar de sí mismo? Es probable que una pregunta más precisa sea, ¿qué estándares utiliza para determinar quién es usted? O aun más preciso, ¿quién tiene el derecho de decirle quién es usted? ¿Cómo saber qué creer acerca de usted mismo?

La forma en la que contestemos estas preguntas determina la manera en que vivamos, porque podemos no vivir lo que profesamos, pero siempre vamos a vivir lo que creemos. O para decirlo de otra manera, no podemos comportarnos congruentemente de una forma incoherente con lo que creemos de nosotros mismos. Debería ser claro, por ahora, que creemos que Dios es la única fuente de verdad y esto incluye la verdad acerca de quiénes somos. Necesitamos estar de acuerdo con Dios acerca de nosotros mismos, así como de todo lo demás en la vida.

¿Debo amarme a mí mismo?

En años recientes se han escrito muchos libros y artículos sobre temas como autoaceptación, autoimagen, seguridad propia y autoconcepto. Algunos autores insisten fuertemente en la necesidad de desarrollar una autoimagen saludable. Otros discuten que cualquier enfoque en uno mismo no es bíblico. Jesús nos ordenó negarnos a nosotros mismos. Algunos dicen que el mandamiento: "Ama a tu prójimo como a ti mismo" (Mateo 22:39), implica que necesitamos amarnos a nosotros mismos antes de que podamos amar a otros como nos amamos a nosotros mismos. Como nos dimos cuenta con las palabras *mundo* y *carne,* la expresión subyacente a *ti mismo* se usa de varias maneras. Así que nosotros necesitamos preguntarnos a cuál acepción nos referimos cuando estamos hablando en referencia a amarnos a nosotros mismos.

Debemos hacer notar que no existe una sola palabra en griego que tenga correspondencia directa con las palabras en español *ti mismo*. Su uso en las traducciones es con lo que tenemos que lidiar, porque lo usamos con varios significados.

Por ejemplo, en las instrucciones para guardar el Día de la Expiación, se decretó que:

"Porque toda persona que no se afligiere [a sí misma, como dice la versión en inglés] en este mismo día, será cortada de su pueblo".

—Levítico 23:29

El significado de afligirse en este contexto es que los hijos de Israel no deberían realizar sus labores usuales en ese día, de manera concordante con la observación del *Sabbath*. No era que las cosas de las que se iban a abstener fueran malas. Más bien era que el Día de la Expiación era muy especial en el calendario de Israel y que las ocupaciones personales tenían que ser puestas a un lado para que los ojos pudieran estar puestos en Dios y en su plan para tratar con los pecados de su pueblo.

A veces usamos el término *autonegación* de esta manera, hoy en día. Nos negamos a nosotros mismos cosas legítimas con el propósito de perseguir otras más altas. Pero esa no es la negación de sí mismo de la que Jesús estaba hablando cuando declaró tajantemente:

> "Si alguno quiere venir en pos de mí, *niéguese a sí mismo*, y tome su cruz, y sígame".
> —Marcos 8:34, énfasis añadido

El uso de la expresión *sí mismo*, en este mandamiento indirecto, va de la mano con el significado que consideraba cuando les dijo a los líderes religiosos de su día:

> "¡Ay de vosotros, escribas y fariseos hipócritas! Porque limpiáis lo de fuera del vaso y del plato, pero por dentro estáis llenos de robo y de *injusticia*".
> —Mateo 23:25, énfasis añadido

En Romanos 2:8 Pablo habla del pago que reciben los malos:

"ira y enojo a los que son contenciosos y no obedecen a la verdad, sino que obedecen a la injusticia".

Ese es el *uno mismo* que debe ser negado o, como Pablo lo dice en Efesios y Colosenses, el *viejo hombre* del que debemos despojarnos (Efesios 4:22; Colosenses 3:9). Es centrarse en uno mismo, no en Dios. Es evaluarnos a nosotros mismos utilizando nuestro propio criterio en vez de decir de nosotros mismos lo que Dios dice. Es intentar ser autosuficientes en lugar de encontrar nuestra suficiencia en Cristo. Pablo escribió:

"No que seamos competentes por nosotros mismos para pensar algo de nosotros mismos, sino que nuestra competencia proviene de Dios".
—2 Corintios 3:5

Pero hay otros dos usos de *uno mismo* que son muy diferentes de los dos anteriores y que tienen connotación positiva más que negativa. Una se refiere simplemente al *yo mismo* que soy como persona: la combinación de características físicas y de personalidad que me hacen ser quién soy. Mucha gente dice, de una forma u otra, que creen que Dios no realizó un buen trabajo cuando los hizo. Ellos hubieran escogido otra combinación de características: otra altura, diferentes características faciales, otros talentos y otras cosas. Eso es como si la vasija le diera instrucciones al alfarero para que la fabricara. La persona que Dios hizo de cada uno de nosotros no es para ser negada o rechazada sino para ser aceptada como la artesanía de Dios y, por lo tanto, una obra amada.

El segundo uso positivo de *uno mismo* es lo que Pablo quiere decir cuando indica: "Vestíos del nuevo hombre, creado según Dios en la justicia y santidad de la verdad" (Efesios 4:24). Es la nueva persona en la que cada uno se convierte por la gracia de Dios. Pablo les dijo a los corintios:

> "De modo que si alguno está en Cristo, nueva criatura es".
> —2 Corintios 5:17

Esta nueva criatura es el hijo centrado en Cristo y lleno del Espíritu que manifiesta *dominio propio* (ver Gálatas 5:23). Este es el significado que Jesús tenía presente cuando le preguntó a la gente de su época:

> "¿Qué aprovecha al hombre, si gana todo el mundo, y se destruye o se pierde a sí mismo?"
> —Lucas 9:25

Esta nueva criatura es para ser confirmada, no echada a un lado. Necesitamos estar de acuerdo con la percepción que tiene Dios de lo que somos. Es el *uno mismo* en estos dos últimos sentidos que debe ser amado.

Sin embargo, en el momento que decimos *amor* tenemos el mismo problema: palabras que significan diferentes cosas. El griego tenía, por lo menos, cuatro palabras para distintos tipos de amor. Tres de los tipos dependían de la respuesta de uno al objeto o persona amada. *Eros*, palabra griega para el amor sensual o erótico. Es usualmente un acto autogratificante. *Storge* es el amor paternal, otro tipo de amor limitado. Los padres y las madres en general tienen un amor por su descendencia que no es compartido en ningún grado fuera de la familia. Incluso *philia*, afecto fraternal o de amigos, está limitado a aquellos con quienes uno comparte intereses comunes, metas o relaciones. Estos tipos de amor son encontrados en todas las culturas.

Sin embargo, *ágape* es otra clase de amor. Los griegos no hablaban de este tipo muy a menudo, porque pensaban que era la cualidad de ciertos dioses y que no era una virtud humana. Esencialmente, estaban en lo correcto, porque:

"Dios es amor".
—1 Juan 4:16).

Dios nos ama porque su naturaleza es amarnos. Por eso el amor de Dios es incondicional. El amor de Dios no depende del objeto amado, sino de la naturaleza de quien ama. Como hemos sido hechos participantes de la naturaleza divina (ver 2 Pedro 1:4), podemos ser como Jesús y amar a otros por lo que somos, no por quienes son ellos o por lo que ellos pueden hacer por nosotros. Jesús contrasta su amor con el amor humano en Lucas 6:32: "Porque si amáis a los que os aman, ¿qué merito tenéis? Porque también los pecadores hacen lo mismo".

Es este último tipo de amor al que nos estamos refiriendo cuando hablamos de amarnos a nosotros mismos.

No es egoísmo. No es cuestionarse: "¿Qué puedo hacer por mí mismo?". Es preguntarse: "¿Qué es lo que Dios dice de mí mismo?", basándome en lo que él ya hizo por mí. Y después decir: "Decido estar de acuerdo con Dios". Así que, le agradezco que me hizo así, incluidos mi cuerpo, mi mente y mis talentos; y acepto sus buenos propósitos para mí.

Por tanto, ¿debemos amarnos a nosotros mismos? La respuesta es doble: sí y no. Depende de lo que se quiera decir con *uno mismo* y de lo que uno quiera decir con *amor*.

La relación de Dios con el creyente

Si lo que dice Dios acerca de nosotros debe ser la base de nuestra creencia y actitud para con nosotros mismos, necesitamos estar seguros de que sabemos lo que afirma. Podemos estar seguros de que Satanás no quiere que sepamos y creamos la verdad, porque sabe que nuestra habilidad para vivir para la gloria de Dios depende de que nos apropiemos de la obra buena y llena de gracia de Dios al crearnos y redimirnos. La batalla por la mente comienza justo aquí en la vida del creyente.

Con estos antecedentes, démosle una mirada a la figura 6 puesto que representa la relación del creyente con Dios. Hay dos líneas entre ellos. Una atraviesa a los ángeles (los ángeles santos —esto es, los ángeles que no siguieron a Satanás en su rebelión). Note que hay una flecha solo al extremo de la línea, para indicar que esta es una conexión de una sola vía. Nosotros nunca nos acercamos a Dios a través de los ángeles. Ellos son:

"Espíritus ministradores, enviados para servicio a favor de los que serán herederos de la salvación".
—Hebreos 1:14

Ellos sirven a Dios ejecutando sus órdenes, pero no son —en ningún sentido— mediadores entre nosotros y Dios.

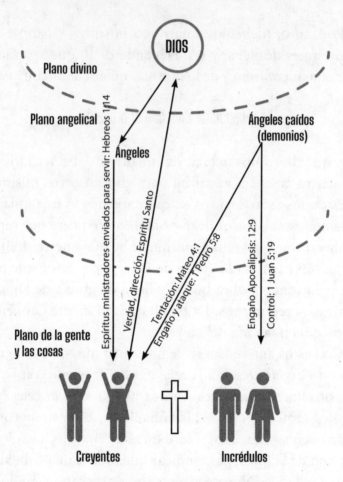

Figura 6: La relación del creyente con Dios

La otra línea tiene flechas en los dos extremos, lo cual indica que esta es una relación bilateral. Dios nos habla; nosotros le hablamos a él. Tenemos comunión con él (ver 1 Juan 1:3). Tenemos una relación de amor con él (ver Mateo 22:37; Juan 15:9).

Por supuesto, hay muchas cosas que podemos decir acerca de esta relación, pero establezcamos dos ideas básicas como fundamento de lo que sigue. Primero, nuestra relación con Dios debe basarse en la instrucción, la dirección y el poder del Espíritu Santo; y segundo, debe basarse en la verdad. Estas ideas pueden parecer tan obvias que apenas necesitan que se le mencionen a cualquiera que sea un verdadero creyente. Sin embargo, la experiencia nos muestra de que hay problemas en ambas cuentas.

Cuando se habla de la persona y obra del Espíritu Santo, no tenemos falta de recursos en la enseñanza de ese tema. Hay mucho material teológico disponible. El problema es que esos libros son escritos, a menudo, por teólogos para otros teólogos, o por lo menos para estudiantes de teología, y no para la persona que se sienta en la banca de una iglesia. El problema es complicado porque nuestra cosmovisión nos ha condicionado a creer que los espíritus realmente no tienen mucho que ver con lo que sucede en nuestra vida diaria. Suponemos que debemos hacer las cosas basados en la razón y la sabiduría científica más que en las relaciones espirituales. Los espíritus, simplemente, no son muy reales para la mayoría de nosotros.

Si usted no cree esto, solo imagínese que está sosteniendo una conversación en su casa y que los ánimos comienzan a calentarse. Las emociones empiezan a elevarse y llevan la conversación a un nivel de discusión. ¿Qué es lo que lo motiva más para controlar esas emociones: una persona importante que llega de visita (probablemente un ministro de su congregación) o el Espíritu Santo que está allí con usted?

"Pero —diría usted— eso no es justo. Uno puede ver a una persona, pero no puede ver al Espíritu Santo".

Cierto, pero ese es precisamente el punto. Pablo nos dice que:

> "Las cosas que se ven son temporales, pero las que no se ven son eternas".
> —2 Corintios 4:18

¿Cuál es el factor de control: lo temporal o lo eterno? Nuestra cultura nos ha afectado en una manera mucho más amplia de lo que nos gustaría creer. Nos ha condicionado a regular nuestra vida más en base a cuáles otras personas están presentes que en base a cuáles espíritus están presentes, y a pensar más desde el punto de vista del "sentido común" o de la razón que en función de la verdad revelada. La prueba de lo que realmente creemos son nuestras acciones, no lo que decimos que creemos. Todos sabemos más de lo que hacemos, pero en el área de la actividad espiritual, la brecha es a menudo mayor de lo que queremos reconocer. Nuestra cultura nos ha adaptado a su molde (ver Romanos 12:2) más de lo que podemos reconocer. Esta es otra manera de decir que somos más mundanos de lo que estamos dispuestos a admitir. Ser mundano puede definirse como que nos conformamos más a las expectativas de nuestra cultura que a las de Dios.

Sin embargo, como ya dijimos, la verdad cambia vidas cuando es enseñada a través del espíritu. La razón por la que a menudo hay una brecha entre lo que sabemos y lo que hacemos es que el Espíritu Santo no tiene permitido operar libremente en nuestras vidas. Nosotros contristamos al Espíritu de Dios (Efesios 4:30) con acciones y palabras que son claramente contrarias al fruto de amor que es el sello de su presencia en nosotros (ver Gálatas 5:22). El capítulo trece de la Primera Carta a los Corintios indica una buena medida de nuestra madurez espiritual. Sin embargo, muy a menudo, la verdad del capítulo del amor está en nuestra mente, pero no ha alcanzado el nivel de verdad enseñada a través del Espíritu, el tipo de verdad que cambia cómo nos vemos a nosotros mismos y la forma en la que nos comportamos.

Esta falta de realidad en nuestra relación con el Espíritu Santo es también la razón por la que podemos sentirnos impotentes contra nuestro enemigo. Es el Espíritu quien nos da el poder para conocer la verdad, en primer lugar, y en base a ello vivir la verdad en nuestro caminar diario. Es la verdad enseñada por el Espíritu la que nos libera y nos hace capaces de resistir los engaños de nuestro enemigo.

La falta de realidad relativa del mundo espiritual, para la mayoría de nosotros en occidente, no se aplica solamente para los ángeles y el Espíritu Santo, sino que también abarca el mundo sobrenatural maligno. Podemos tener un conocimiento teológico acerca de Satanás y los demonios, pero eso pocas veces nos guía a una fe funcional al relacionarnos con ellos. Nuestra cultura ha adoptado la idea de *satanizar* a la gente o a las cosas, pero el término se ha reducido a una figura de lenguaje, no a una referencia de la realidad. Se trata a los "demonios" a través de la administración de sustancias poderosas y largas dosis de razón, no a través del poder del Espíritu Santo.

Es verdad que podemos ir demasiado lejos en cuanto a ver demonios detrás de todos los problemas humanos y asignarles más poder e influencia del que poseen. Aun así podemos irnos al otro extremo y no verlos nunca en ninguna circunstancia. Nosotros (los autores) no estamos hablando en contra del uso apropiado de medicamentos y de la razón, pero estamos haciendo una advertencia contra tratar de ignorar en nuestra vida diaria el papel de los espíritus: los principados y potestades contra los que dice Pablo que "luchamos" (Efesios 6:12). Las advertencias del Nuevo Testamento acerca de este enemigo necesitan ser tomadas en serio.

Ya hemos resaltado que tenemos la capacidad de sostener la verdad intelectualmente sin permitir que esa verdad, en realidad, dirija la manera en que vivimos. Llenamos nuestros cerebros con información incluso correcta, pero puede conducirnos al envanecimiento (ver 1 Corintios 8:1) o a una profesión de fe sin el cambio de vida correspondiente (ver Isaías 29:13; Mateo 7:20; 23:27; Santiago 2:18). La verdad que no transforma es la verdad que no se cree. Es la idea subyacente al adagio: "Lo que haces grita tan fuerte que no puedo escuchar lo que dices".

Este es un mundo creado y sustentado por Dios. Si hacemos las cosas a la manera de Dios en el mundo de Dios, Dios se responsabiliza de los resultados. Demasiadas veces hacemos las cosas a nuestra manera y después queremos culpar a Dios de los resultados. Eso no funciona de esa forma. Si no actuamos basados en lo que Dios ha definido como verdad, no obtendremos el producto que Dios planeó cuando nos dio esa verdad.

Demasiado a menudo practicamos lo *que* alguien llamó *obediencia selectiva*. Quiere decir que tenemos nuestra lista de verdades espirituales en nuestra zona de comodidad, y solícitamente obedecemos esas cosas. Pero hay otras cosas fuera de nuestra zona de comodidad, y decidimos actuar como si no existieran o no se aplicarán a nosotros.

Nuestras respuestas emocionales del uno al otro muy a menudo están en esa categoría. Nosotros, los autores, hemos tenido que aprender eso en nuestro propio matrimonio, y decir la verdad acerca de esas cosas puede ser un poco revolucionario en relaciones como el matrimonio. Uno puede sentir cuando la otra persona está haciendo preguntas *de verdad* acerca de alguna situación que potencialmente puede producir tensión. La verdad, en realidad, nos hace libres (ver Juan 8:32), no solamente del castigo del pecado, sino también de las consecuencias de las emociones equivocadas.

Esto abre un número grande de temas que no podemos seguir en este momento, pero el asunto es claro: necesitamos estar consagrados a la verdad, decirle a todo lo que nos rodea lo que Dios dice acerca de ello. Puede estar seguro de que Satanás tomará toda oportunidad para animarlo a responder de manera incorrecta a las cosas que nos atribulan. Él, de hecho, es un maestro en sugerir la respuesta equivocada. Todo esto es parte de la guerra espiritual.

Las áreas problemáticas varían de una persona a otra. Para unos es la administración del dinero. Para algunos es la administración del cuerpo. Para otros es la honestidad. Y la lista podría seguir y seguir.

Como la táctica principal del enemigo es el engaño, la verdad es un recurso indispensable para resistir sus ataques. La consagración a la verdad comienza con la verdad bíblica y teológica revelada a nosotros en las Escrituras. La Palabra de Dios revelada es la autoridad final para nosotros en cada área de la vida. Pero hay otro aspecto de la verdad que es también extremadamente importante. Eso es la honestidad plena. Tenemos que decir la verdad acerca de lo que está sucediendo en nuestras vidas.

Por desdicha nosotros, como sociedad, nos hemos convertido en maestros para no hacerlo. Hemos aprendido a jugar el juego de la Iglesia, uno que tiene una sola regla: no me haga quitarme mi máscara y no le haré que se quite la suya. Si usted crece en un grupo de la iglesia cuyos miembros son expertos en usar máscaras, usted aprenderá a hacerlo bastante bien antes de percatarse de lo contraproducente que es.

La Iglesia debería ser un lugar donde fuera seguro ser honestos, un espacio donde uno pueda ir para encontrar ayuda con las cosas que lo están atribulando a uno. Demasiado a menudo esto no es verdad. En lugar de encontrar seguridad y ayuda en la Iglesia, hallamos a otras personas heridas que no saben qué hacer con nuestras lesiones excepto hablar de ellas con otros, evitarnos o simplemente tratar de actuar como si no fueran un problema real.

Funciona así: después de que nos mudamos a una nueva comunidad mi esposa y yo (Tim) asistimos a la iglesia de la localidad por primera vez. Fuimos recibidos en el vestíbulo por una persona amigable y cálida que nos presentó a otras, nos ayudó a encontrar una buena clase dominical, e incluso nos invitó a cenar. Ese era el sueño de todo predicador. Más tarde supimos que era una persona muy talentosa que donaba fondos a diferentes iglesias y actividades de la comunidad.

Un tiempo después de que habíamos comenzado a servir en la iglesia, esa persona entró a la clase que yo estaba enseñando acerca de cómo encontrar libertad en Cristo. En esa ocasión lo vimos quitarse la máscara por primera vez y, detrás de ella, había una persona amargada y enojada. No era una nada agradable. Sus relaciones a largo plazo estaban documentadas por cartas llenas de amenazas; el hombre estaba siendo consumido por la amargura. Eso había estado sucediendo por años. La gente cercana a él conocía eso pero, en la iglesia, la realidad había sido cubierta cuidadosamente. Me da mucho gusto reportar que pudimos ayudar a esa persona a tratar con su amargura y llegar a un punto en el que fue capaz de decir: "¡Soy, libre! ¡Soy libre! ¡Soy libre!".

Dios va a encontrarse con nosotros únicamente en la calle llamada honestidad. Él no va a jugar al juego de máscaras con nosotros. Él va a reconocer nuestras máscaras, pero también va a decir: "Cuando estés listo para quitarte la máscara y ser una persona franca en cuanto a lo que está sucediendo en tu interior, ahí voy a estar para ayudarte a tratar con eso; pero no te puedo ayudar realmente hasta que no te quites la máscara". No se puede estar bien con Dios y no ser sincero. Si es necesario, puede ser que Dios tenga que hacernos honestos para poder estar bien con él.

Como el engañador que es, Satanás promueve el uso de máscaras. Él es el maestro del camuflaje. Usa su propia máscara la mayor parte del tiempo. Es un experto en aparecer como un *ángel de luz* o un *ministro de justicia* (ver 2 Corintios 11:13-15), y promueve esta conducta en aquellos sobre los que está tratando de ejercer influencia. Sus propósitos con nosotros son bien servidos por los cristianos que hacen una sonora profesión con la máscara puesta mientras dicen algo bastante diferente a través de la manera no cristiana en la que conducen algunas áreas de su vida.

El término técnico para este comportamiento es *hipocresía* y la alternativa cristiana para ello es la sinceridad. La hipocresía se basa en la idea de un actor que desempeña un papel sobre el escenario que es totalmente diferente a su manera de ser en la vida real. Para hacer esto, los actores algunas veces utilizan cera con el fin de crear una nueva apariencia facial. Nuestros artistas modernos del maquillaje, en la industria del entretenimiento, se han convertido en verdaderos profesionales haciendo esto.

Por otro lado, sinceridad, en su lenguaje original quería decir: sin cera; sin máscara. Las personas sinceras son ellas mismas. Lo que ves es todo lo que hay. Son honestas al punto de la transparencia, en cuanto a esconder la verdad o incluso negar lo que saben que es verdad. Han llegado a conocer la verdad en lo íntimo, lo cual —de acuerdo con David—, es lo que Dios desea (ver Salmo 51:6).

David tuvo que aprender su lección por las malas. El Salmo 32 es un comentario de la experiencia de David con el pecado. Cuando trató de cubrir su pecado, le afectó hasta su cuerpo físico (v. 3). Sin embargo, cuando lo confesó —o sea, cuando dijo lo que Dios decía acerca de eso— entonces encontró perdón (v. 5) y pudo entonar cánticos de liberación (v. 7).

Algunas veces nuestra deshonestidad no es un acto de pecado por nuestra parte, sino un aspecto de la manera en la que manejamos el abuso cuando lo hemos sufrido. En este caso debemos reconocer que el abuso del que fuimos víctimas no nos hace malas personas, sino que lo malo fue el abuso en sí. Dios solo puede comenzar el proceso de sanidad cuando se reconoce la herida y el ofensor es perdonado.

"Bienaventurados los que lloran, porque recibirán consolación".

—Mateo 5:4

A menudo necesitamos compartir nuestro dolor y nuestro pecado con otros. Dios nos puso en el cuerpo de Cristo para que ese cuerpo pudiera proveemos su fuerza en el proceso de sanidad, de la misma forma como una parte sana de nuestros organismos físicos provee fuerza para una parte adolorida del cuerpo. La Iglesia fue diseñada por Dios para que fuera un lugar donde sea seguro ser honesto, un lugar donde uno pueda encontrar ayuda con las cosas que realmente lo están atribulando.

No es nada raro escuchar a la gente decir: "No hay nadie con quien hablar". Lo que quieren decir es que no hay nadie en quien ellos puedan confiar. No conocen a nadie que sepa manejar la verdad acerca de ellos con amor y con la esperanza de encontrar una solución a su problema. Lo que es más sorprendente es escuchar a alguien que ha estado en consejería —incluso en consejería cristiana— decir: "Nunca le había contado esto a nadie antes, pero...". La gente puede manipular a los consejeros con lo que no les dicen y, probablemente, no les dicen todo porque todavía no están seguros de que la persona que los está tratando de ayudar realmente se interesa en ellos o que realmente *pueda* ayudarles a encontrar una solución para sus problemas. El adagio dice: "A la gente no le interesa qué tanto sabes, hasta que saben qué tanto te interesas", y los cristianos maduros deberían ser los que estuvieran ayudando a otros a darse cuenta de cuanto se interesa Dios en ellos por la utilidad que les muestre. Lo que usualmente llamamos consejería es a menudo simple discipulado: aprender la verdad acerca de Dios y la verdad de nuestra relación con él. Si los jóvenes cristianos fueran discipulados apropiadamente, muchos de los problemas que después los llevan a consejeros seculares profesionales no se desarrollarían.

Vivir libre en Cristo comienza con la consagración a la verdad: la verdad acerca de Dios y la verdad que dice Dios acerca de nosotros.

¿Quién soy?

Comenzamos haciéndonos la pregunta, verdaderamente, ¿quién soy? No la hemos contestado completamente, pero podemos decir que Satanás quiere darnos todas las respuestas equivocadas a esa pregunta y que Dios es la fuente de la verdad al buscar la respuesta correcta. Debemos comenzar siempre por decir la verdad acerca de nuestro pecado, pero necesitamos ir más allá de eso a hablar la verdad de lo que somos como hijos redimidos de Dios. Para poder hablar la verdad de cualquier cosa, incluyendo lo que significa ser un hijo de Dios, necesitamos asegurarnos de que estamos buscando relacionarnos con Dios por lo que él es realmente. Seguimos con una mirada más amplia sobre ese tema en el siguiente capítulo.

SEIS

¿A QUÉ DIOS SIRVO?

Seis

¿A QUÉ DIOS SIRVO?

La batalla por la mente comienza con creer la verdad acerca de Dios. La manera en que percibamos a Dios determinará cómo apreciaremos el resto de las cosas en la vida y la forma en la que nos relacionemos con la vida misma. Satanás sabe eso, por tanto siempre inicia sus ataques dándonos una visión torcida de Dios. Esto es extremadamente importante, porque mientras pueda ser que no practiquemos lo que profesamos, siempre vamos a practicar lo que realmente creemos. Por esa razón debemos examinar nuestro sistema básico de creencias, el que siempre comienza con cómo vemos a Dios.

La serpiente persevera

Ya hemos destacado la manera en la que la serpiente tentó a Eva en el huerto de Edén. Volvamos a esa escena y hagamos algunas observaciones más detalladas de ese encuentro. La serpiente (Satanás) primero engañó a Eva al cuestionar si Dios y su Palabra podían ser confiables. Así que le preguntó:

"¿Conque dijo Dios que si comen de ese árbol morirán? Eso no es cierto. No se van a morir. Van a llegar a ser como Dios mismo, conociendo el bien y el mal. No van a tener que seguir recibiendo órdenes de él porque su juicio va a ser tan bueno o incluso mejor que el de él. Van a estar mucho mejor si hacen lo que ustedes piensen que está bien en vez de hacer lo que él dice. Ven, no se puede confiar completamente en Dios".
—Génesis 3:1, 4-5, paráfrasis del autor

También les hizo ver que Dios no los amaba realmente o, de lo contrario, no les hubiera prohibido que comieran de su maravillosa fruta. Las Escrituras nos dicen que el árbol era:

"Bueno para comer, y que era agradable a los ojos, y árbol codiciable para alcanzar la sabiduría".
—Génesis 3:6

¿Cómo podía Dios realmente amarlos si les negaba esa maravillosa "bendición"? Es muy claro que Satanás estaba buscando menoscabar el carácter de Dios. Por eso, una vez que Adán y Eva dudaron de la fidelidad de Dios y de su amor, no fue difícil para la serpiente llevarlos a romper el único mandamiento prohibitivo que Dios les había dado.

La ironía de todo esto es que la caída fue como cuando un niño que tiene una caja de juguetes llena dice: "No tengo nada qué hacer. No me dejan jugar con cerillos". ¿Por qué es que los niños tan a menudo se enfocan en aquello que no deben tener? Incluso para los adultos, la fruta prohibida parece más deseable. Dios le había dicho a Adán y a Eva que podían comer de los otros árboles del huerto. No era que no tuvieran frutos maravillosos en los demás árboles. Todo lo que tenían que hacer era permanecer en perfecta comunión con su Creador y obedecer su mandamiento. Nunca la habrían tenido más fácil. Aun así, cuando dudaron que podían confiar en Dios, entonces tuvieron que hacer sus propias decisiones. Si Dios no podía ser confiable en una cosa no podía serlo en ninguna. Si su juicio era mejor que el de Dios en ese asunto, podría ser mejor que el de Dios en cualquier otro asunto. Ese tipo de responsabilidad es apabullante.

Satanás es un engañador inteligente, un experimentado estafador. Lo que en apariencia lucía como un asunto de comer o no comer la fruta de un árbol, tenía muchas consecuencias más profundas que las que ellos pensaron. Antes de eso, tenían una relación franca con Dios. Ahora, se encontraban escondiéndose de él por razones que ni siquiera entendían. Habían perdido la seguridad de esa relación. Antes, todas sus necesidades hubieran sido provistas por lo que Dios había suplido para ellos en el huerto y en su relación con él. Ahora habían perdido su relación con él y estaban a punto de perder todo el huerto. Pero cayeron en las mentiras de Satanás. Antes, la humana necesidad que tenían de dignidad, había sido suplida por su relación con el Creador. Ahora, habían perdido esa relación y, con ella, su dignidad como hijos de Dios.

El pecado siempre tiene consecuencias que Satanás nunca menciona cuando pone la fruta prohibida delante de nosotros. Aun después de que el pecado es confesado y perdonado, las consecuencias siguen presentes. Las palabras iracundas no pueden ser retiradas. La lesión física o emocional causada a otra persona nunca puede ser deshecha. La vida que fue destruida no puede ser restaurada. Y todo comienza cuando vemos a Dios como algo o alguien diferente a quien él es realmente.

Dioses falsos

Desde su primer éxito en el huerto de Edén, Satanás ha seguido adelante con mentiras cada vez más grandes acerca de Dios. Ha convencido a ciertos elementos de que no hay tal persona como Dios (ver Salmos 53:1) y que no existe ningún poder sobrenatural. Lo que ves en el mundo es todo lo que hay, dice. No hay vida después de la tumba.

Algunas veces el dios falso que Satanás sugiere es el propio universo. Se dice que todas las cosas y cada persona son parte de Dios. Uno simplemente no puede separar lo espiritual de lo físico, porque ambos son uno. Esta creencia es característica de muchas religiones asiáticas y es el sistema de creencias que yace tras muchas de las prácticas que vienen de esa parte del mundo.

Los maestros de la Nueva Era, en occidente, han adoptado esta visión de Dios y del mundo. Dicen que nuestro pecado primario es no reconocer que en realidad somos dios, o por lo menos una parte de Dios, y que podemos controlar nuestro propio destino al ejercitar nuestra deidad. No necesitamos un Salvador que muriera por nuestros pecados. Afirman que hay un poder psíquico en el universo que podemos aprender a manipular para hacer que haga lo que queremos. Estos maestros también incluyen ideas animistas sobre espíritus y poderes en sus enseñanzas. Sin embargo, no hay nada realmente nuevo acerca de la Nueva Era. Es tan vieja como la historia bíblica. Sus exponentes solo han cambiado los términos de *médium* a *canal* y de *demonios* a *espíritus guías*.

Una variación de este tema es un dios que no es el mundo mismo, pero que no es una persona tampoco. Es un alma impersonal del mundo. Este dios es como el océano y las personas en la tierra son como gotas de agua. El ideal es que unas tu gota de agua al océano para que nunca sea una gota individual otra vez. Millones creen que solo son una parte insignificante de una unidad cósmica sin ningún propósito significativo.

Algunos le añaden a su sistema de creencias todo tipo de otros dioses que son personales pero que comparten las peores cualidades de los seres humanos, como los dioses de las culturas griega y romana de los tiempos bíblicos. Esto es lo que se conoce por politeísmo. Estos panteones de dioses pueden tener un dios mayor sobre los demás, pero el papel del Dios de la Biblia como Creador, Sustentador y Salvador se pierde. Algunos se acercan más a la verdad al buscar a su dios como el creador del mundo, pero es lejano y virtualmente imposible de alcanzar. Otros creen que es un tipo de dios muy poderoso, pero también muy arbitrario, e imposible de alcanzar por los seres humanos. La relación con él se reduce a la recitación de un credo, una repetición interminable de rezos y ciertas actividades prescritas, a las que también le añaden todo tipo de magia y hechicería a su vida religiosa. Sin embargo, esto no suple la necesidad de una relación con Dios. Ya hemos visto que esas cosas son la manera que Satanás emplea para traer a la gente bajo su influencia y control total.

Un Dios cristiano despersonalizado

Es probable que usted diga: "Gracias a Dios, que no somos así. Nosotros, los cristianos, que creemos en la Biblia y conocemos quién es Dios verdaderamente". El problema es, como ya hemos explicado, que podemos conocer la verdad intelectualmente, pero eso no garantiza que la practiquemos en la vida diaria. Podemos, de hecho, convertirnos en ateos prácticos. Sabemos todo acerca de Dios, pero no lo conocemos para nada. Podemos profesar conocer a Dios y vivir como si no existiera.

Un profesor de seminario valientemente relató su propia experiencia con esto en un diario cristiano de amplia circulación. Él dijo que se enorgullecía de sí mismo por su conocimiento de la Escritura y por decir: "La Biblia es suficiente". Sin embargo, cuando a su hijito le diagnosticaron carcinoma de célula renal, una forma no tratable e incurable de cáncer, dijo: "Entonces con mucha franqueza me di cuenta de que la Biblia no era la respuesta. Encontré que las Escrituras eran útiles cómo guía pero, sin mi relación con Dios, me daban poco descanso". Prosiguió adelante y explicó:

> En medio de este verano infernal, comencé a examinar en qué se había convertido mi fe. Anhelaba acercarme más a Dios, pero me encontré a mí mismo incapaz de hacerlo a través de los medios normales: exégesis, lectura de la Escritura, más exégesis. Creo que había despersonalizado a Dios tanto que cuando lo necesité realmente no supe cómo relacionarme con él. Lo anhelaba, pero encontré demasiadas restricciones en el nivel comunitario de mi ambiente [teológico]. Sentí una sofocación del Espíritu tanto en mi tradición evangélica como en mi propio corazón.

Sí, incluso los profesores de Biblia pueden ser que profesen más acerca de Dios de lo que viven en su vida diaria. Un dios que es confinado a las páginas de libros teológicos o incluso a la Biblia no es el Dios que quiere utilizar la sabiduría obtenida en los libros para guiarnos a una relación personal con él, incluso a una relación de amor con él. Podemos llegar a ser como los fariseos, a quien Jesús les dijo:

> "Escudriñad las Escrituras; porque a vosotros os parece que en ellas tenéis vida eterna; y ellas son las que dan testimonio de mí; y no queréis venir a mí para que tengáis vida".
>
> Juan 5:39-40

Satanás no le pone objeciones a la teología ortodoxa mientras no conduzca a un conocimiento íntimo de Dios.

Caricaturas de Dios

Otra manera en la que nuestro enemigo trata de corromper nuestra visión de Dios es tratar de vendernos caricaturas de él. ¿Alguna vez ha visto a un pintor dibujando caricaturas en un centro comercial o en una feria? Una vez pedimos que nos hicieran una caricatura de mi hijo, pero nos dimos cuenta de que es algo aterrorizante ver las distorsiones que pueden incluirse en esos retratos. A menudo se hacen caricaturas de figuras públicas como los políticos. En ellas, casi siempre se exagera en una sola característica física del protagonista, como el mentón o la nariz alargados, las orejas demasiado grandes, unos peinados inusuales o los cuerpos en formas diversas. Por lo general, se puede reconocer a la persona que está siendo caricaturizada, pero el dibujo no es un retrato preciso de ella.

Satanás trata de hacer eso con Dios. La Biblia afirma que Dios es nuestro juez, de modo que Satanás enfatiza su papel de juez en oposición a su rol como Padre amoroso y dador de todo don perfecto. Algunas personas han dicho que no importaba lo que leyeran en la Biblia, se sentían condenados. Dios siempre es visto como juez, condenándolos por cada aspecto concebible en el que han fallado a la perfección.

Para algunos, Dios es lo opuesto a esto. Es el abuelo bondadoso que ve su papel legítimo consintiendo a los nietos. Lejos de corregirlos cuando hacen algo mal, se ríe de sus pecados y dice que son lindos. Cualquiera de los dos extremos le agrada a Satanás.

Dios visto a través de un filtro

Nuestra visión de Dios, a menudo, nos llega a través de uno o más filtros que distorsionan la imagen original. Las cámaras se hacen para tomar fotografías precisas del objetivo fotografiado, pero el fotógrafo puede poner un filtro en la lente deliberadamente para mejorar o distorsionar la imagen que se fija en la película. Un día brillante y soleado puede convertirse en uno gris y nublado con el filtro apropiado. El día puede ser convertido en noche con el filtro correcto. Satanás sabe que nuestra visión de Dios a veces nos llega a través de otras personas, por lo que va a usar esto como un medio para distorsionar la verdadera imagen de Dios con la impresión filtrada que se fija en nuestra mente. La figura 7 presenta una posible manera en la que este proceso funciona.

La pura ignorancia de la verdad acerca de Dios incrementa la posibilidad de que uno absorba sabiduría de una fuente errónea. Dios dijo, acerca de Israel en tiempos de Oseas: "Mi pueblo fue destruido porque le faltó conocimiento" (Oseas 4:6), lo que es cierto en cualquier época. Lo que no sabemos puede lastimarnos, sobre todo cuando saberlo es crucial para nuestro bienestar, como una correcta visión de Dios.

Cuando no conocemos la verdad, estamos sujetos a ser engañados por los falsos profetas y maestros. Las sectas cazan a los cristianos que tienen el deseo de conocer a Dios pero que no han establecido una relación personal con él, o aquellos que han escuchado y recibido el mensaje del evangelio pero que no han sido bien discipulados. Las sectas o expresiones sectarias de la Iglesia les ofrecen a

Figura 7: Dios visto a través de un filtro

estas personas una forma de liderazgo, pero dependen de seguir solamente a un líder autonombrado que se basa en una visón equivocada de Dios.

En el capítulo dos vimos la manera en que Satanás puede poner pensamientos en nuestra mente. Esto es lo que está detrás de la declaración de Pablo a su *hijo en la fe*, Timoteo: "El Espíritu dice claramente que en los postreros tiempos algunos apostatarán de la fe, escuchando a espíritus engañadores y a doctrinas de demonios" (1 Timoteo 4:1). Esta enseñanza a menudo viene a través de falsos maestros, como ya hemos dicho, pero también puede venir a través de pensamientos colocados directo en la mente de una persona por Satanás o uno de sus ángeles caídos. Este es uno de los medios principales de la tentación en general pero, en este caso, es un medio para llevar a una persona en cautiverio a través de visiones erróneas e incluso blasfemas de Dios. Es frecuente que la gente diga que escuchan voces en su mente condenándolos o sugiriéndoles pensamientos blasfemos.

Satanás va a tratar de hacerle creer que son sus propios pensamientos y, si usted cae en eso, entonces será cautivo de las mentiras que usted crea. El artista estafador está activo de nuevo. Utiliza su filtro para torcer la visión que tenemos de Dios. Él sabe lo vulnerables que somos a tal engaño. Necesitamos saber que nuestra defensa es llevar:

"Cautivo todo pensamiento a la obediencia a Cristo".
—2 Corintios 10:5

Las relaciones disfuncionales con otras personas, especialmente las figuras de autoridad, son a menudo el filtro que distorsiona nuestra visión de Dios. Estas relaciones pueden ser con maestros, pastores, entrenadores, empleados o con cualquiera que desarrollemos una relación cercana. En algunos casos, las personas más importantes en esa categoría son los padres. Muy fácilmente adaptamos la visión de nuestro padre terrenal a nuestro Padre celestial. El padre para el que nada de lo que hacemos es suficientemente bueno puede hacer que nuestra visión de Dios nos llegue a través de un filtro como un Dios imposible de agradar, cuyas demandas siempre exceden nuestra habilidad para cumplirlas. Un padre que es abusivo puede adoptar nuestra visión de Dios a una en la que encuentra placer en castigarnos en vez de bendecirnos.

Todos hemos sido víctimas en alguna manera, pero permanecer como víctimas es nuestra decisión. Nadie puede arreglar nuestro pasado, Dios no intenta hacer eso. Él nos hace nuevas criaturas en Cristo y nos libera de nuestro pasado. Tenemos que escoger la verdad que nos va a liberar. El verdadero conocimiento de Dios y de quiénes somos como sus hijos es lo que nos libera.

Satanás es lo suficientemente listo como para reconocer que, si nos puede hacer comprar su visión errónea de Dios, vamos a tener una visión equivocada de lo que significa ser hijo de él. Vamos a ver eso más profundamente en el siguiente capítulo, pero antes necesitamos ver una manera todavía más común en la que Dios es distorsionado.

El Dios difícil de agradar

¿Se ha visto usted mismo a través de alguno de estos filtros? La mayoría de las personas sí, pero a lo mejor usted se siente bien de su visión de Dios hasta este momento. Hay un error todavía más común en nuestro pensamiento acerca de Dios.

Lea las siguientes palabras:

Autoridad
Sujeción
Aprobación
Aceptación

¿Cómo siente que Dios se aproxima a usted? Le dice: "¿Como te sujetas a mi autoridad, voy a aprobarte y a aceptarte"? O le dice: "¿Te acepto y te apruebo, por lo que te pido que te sujetes a mi autoridad"? A un pastor evangélico que vino a solicitar ayuda por un problema de conducta le hicimos esa misma pregunta, casi sin titubear dijo: "Ah, es muy fácil. Tengo que conformarme a las expectativas de Dios para que él me apruebe y me acepte". A lo que respondí: "¿Se da cuenta de lo que usted me acaba de decir? Acaba de decir que tiene que ganarse la gracia de Dios. Tengo que decirle que eso es absolutamente imposible. Usted nunca puede obtener aceptación y aprobación de Dios a través del canal de su conducta, porque:

"Por las obras de la ley nadie será justificado".
—Gálatas 2:16).

Eso fue verdad el día en el que usted fue salvo y cada día después de ese.

Cuando las figuras de autoridad exigen rendición de cuentas y sujeción sin aceptación y aprobación, nunca van a obtener un buen resultado. Pero cuando las figuras de autoridad conceden aprobación y aceptación, los que están sujetos a ellos les rinden cuentas en forma voluntaria.

Una de las mentiras favoritas de Satanás acerca de Dios es que tenemos que ser lo suficientemente buenos para ser amados y aceptados por él, y que Dios es muy difícil de agradar. Satanás le va a decir que los estándares de Dios son demasiado altos y cuando crea que ya llegó se va a dar cuenta que la meta se movió un poco más adelante. La mayoría de los cristianos sabe en su intelecto que eso no es verdad, pero cuando examinamos la manera en la que viven, sus acciones a menudo niegan eso.

Toda nuestra sociedad se basa en el desempeño. Uno obtiene lo que se gana. Uno hace su camino a través del escalafón laboral, la escala social, la escalera de las artes, la escalera académica, la escalera deportiva, y así sucesivamente. No hay una comida gratis, ni siquiera un desayuno gratis en un hotel. Los anuncios deberían decir: "Desayuno incluido en el precio de la habitación", en vez de: "Desayuno gratis".

Sin embargo, cuando traemos ese tipo de pensamiento a nuestra relación con Dios tenemos un gran problema teológico, porque somos aceptados por Dios, sobre una y solo una base únicamente: lo que Dios ha hecho por nosotros en Cristo, no lo que hemos hecho por él. Existen dos maneras erróneas de ver la aceptación. Una es tomarnos continuamente la temperatura espiritual para ver si somos lo *suficientemente buenos*. Si hacemos eso, somos atrapados en sentimientos de orgullo o de inferioridad y nos percibimos como inadecuados. Solo Dios nos puede dar una visión correcta de nosotros mismos y suplir nuestra necesidad de aprobación y aceptación. La otra es: buscar aceptación de otras personas. La presión de grupo tiende a controlar nuestra vida desde la infancia hasta la ancianidad. Los niños deben tener los nuevos juguetes que todos sus amigos tienen. Como adultos queremos estar a la altura de los vecinos. Nos enfocamos en nuestra apariencia y desempeño para ser aceptados por gente importante. Adoptamos patrones de conducta que se esperan en *el grupo* del cual queremos formar parte. Luchamos por dominar alguna área de la vida con el fin de obtener la alabanza de la gente. Incluso los pastores pueden ser atrapados en esta trampa. Todos anhelamos aprobación y aceptación. Si nuestra fe funcional no incluye un Dios que nos ama incondicionalmente y que abunda en gracia —cualidades que redundan en aceptación y aprobación— nos tornamos a la gente para recibir la aprobación y la aceptación que requerimos.

Todos necesitamos ser amados. Sin embargo, ningún humano es capaz de dar amor y aceptación incondicionales. Tenemos que comenzar con un Dios que nos ama porque su naturaleza es amar (ver 1 Juan 4:8). Como humanos tendemos a amar a las personas que son amables, por lo tanto esperamos que Dios ame solo lo que nosotros consideramos amable. La tendencia de crear a Dios a nuestra propia imagen o a la de otros personajes significativos es una de las estrategias favoritas del diablo para atraparnos en sus mentiras.

También necesitamos comenzar con un Dios que expresa su amor con gracia. Para poder entender la gracia de Dios, necesitamos revisar algunas definiciones.

El primer término que debemos entender es *justicia*, que es obtener lo que uno se merece. Un hombre acusado de un crimen está de pie delante del juez que le dice: "Culpable. Su sentencia es pena de muerte". Podemos alegrarnos de que Dios no trata con nosotros basado en la justicia.

Misericordia significa obtener lo que uno no merece. El acusado está de pie delante del juez y este le dice: "Usted es culpable, pero estoy retirando la sentencia, está libre". Dios no puede ser injusto, así que el castigo por el pecado debe ser pagado, y Jesús hizo eso en la cruz. "Al que no conoció pecado, por nosotros lo hizo pecado, para que nosotros fuésemos hechos justicia de Dios en él" (2 Corintios 5:21). La justicia y la misericordia se encontraron en la cruz. Pablo le escribió a Tito: "Pero cuando se manifestó la bondad de Dios nuestro Salvador, y su amor para con los hombres, nos salvó, no por obras de justicia que nosotros hubiéramos hecho, sino por su misericordia" (Tito 3:4-5). La misericordia de Dios, que nos ofrece perdón y libertad de la pena del pecado, es en verdad una muy buena noticia. Por desdicha, en ese punto —el del pecado— es donde termina la mayoría de las presentaciones del evangelio.

Sin embargo, hay más: está la *gracia*. Gracia es obtener lo que usted nunca se habría merecido. El acusado está de pie delante del juez, que le dice: "Usted es culpable, pero estoy retirando la sentencia, y lo voy a adoptar a usted para hacerlo mi heredero". Pablo nos dice que:

> "El Espíritu mismo da testimonio a nuestro espíritu, de que somos hijos de Dios. Y si hijos, también herederos; herederos de Dios y coherederos con Cristo".
>
> —Romanos 8:16-17

¿Cuál Dios?

Así que, ¿a cuál Dios adora y sirve usted? ¿Al que ha sido distorsionado por los filtros del mundo y del enemigo de nuestras almas? ¿O al Dios digno de toda confianza cuya palabra permanece en los cielos (ver Salmos 119:89)? ¿Es él un Dios difícil de agradar que cambia el requisito cuando casi lo cumplimos? ¿O es un Dios que lo ama con amor incondicional, amor que no depende de cuán amable sea usted, sino de la propia naturaleza amorosa de él? ¿Es él el Dios de la Biblia? ¿O es un ídolo que usted mismo ha creado? ¿Es él una persona que usted conoce verdaderamente? ¿O es una caricatura —el personaje de una tira cómica— que usted lleva en la mente?

Para ganar la batalla espiritual de nuestra mente, debemos tener una visión verdadera de Dios. Por eso Pablo oraba por los Efesios:

> "Que el Dios de nuestro Señor Jesucristo, el Padre de gloria, os dé espíritu de sabiduría y de revelación en el conocimiento de él".
>
> —Efesios 1:17

Esto puede ser traducido como *conocimiento total* o *sabiduría correcta*. Pablo siempre inicia sus cartas con teología en general, pero aquí comienza con la teología de Dios en particular. Es como si el apóstol estuviera diciendo: "Sé que el diablo va a estar tratando de pervertir su visión de Dios; así que quiero comenzar por asegurarme de que ustedes conozcan quién es Dios realmente". Ahí es por donde todos necesitamos comenzar nuestro peregrinaje espiritual.

SIETE

MIRAR HACIA ABAJO

Siete

MIRAR HACIA ABAJO

¿Abajo? Sí, abajo, desde donde está sentado con Cristo en los lugares celestiales (ver Efesios 2:6). Esta posición, sentado con Cristo no es solo algo que podremos obtener en el futuro. Estar *en Cristo* es una realidad presente para el verdadero creyente. Por desdicha, demasiados de nosotros pasamos nuestro tiempo *bajo las circunstancias*. Sin embargo, el hecho es, que nunca somos las víctimas impotentes de nuestras circunstancias. Podremos ser víctimas de la forma en que *vemos* las circunstancias, pero en Cristo siempre podemos ser *más que vencedores*. Consideremos esta idea en cuanto a cómo debemos vernos a nosotros mismos *en Cristo*.

Adoptado en su familia

Las Escrituras usan muchas figuras literarias para tratar de hacernos entender nuestra relación con Dios. Entre ellas están la vasija y el alfarero, la vid y las ramas, el pastor y sus ovejas, el Señor y sus discípulos, el rey y sus súbditos, hijos de nacimiento, hijos por adopción.

Pablo usa la idea de la adopción en Efesios 1:4-5:

"Según nos escogió en él antes de la fundación del mundo, para que fuésemos santos y sin mancha delante de él, en amor habiéndonos predestinado para ser hijos suyos por medio de Jesucristo, según el puro afecto de su voluntad".

Las adopciones no suceden por accidente. Los padres adoptivos quieren al hijo y deciden actuar de acuerdo a sus deseos. Así que Pablo nos dice que Dios escogió adoptarnos como sus hijos: "Según el puro *afecto* de su *voluntad*" (Efesios 1:5, énfasis añadido).

Jesús les dijo a los fariseos: "Vosotros sois de vuestro padre el diablo" (Juan 8:44). Lo que subyace a la idea de la adopción es que somos parte de la familia de Satanás por haber nacido bajo la maldición del pecado de Adán. Dios no nos adoptó a partir de nuestras familias terrenales. Sin embargo, el hecho de habernos adoptado en su familia puede afectar la manera en la que nos relacionamos con nuestras familias terrenales. Ya no necesitamos vernos a nosotros mismos como las víctimas de la manera en la que fuimos tratados por nuestros padres o familias, porque

Dios nos ha hecho parte de su familia. Una familia en la que el Padre nos ama con amor incondicional y en la que se puede depender de él para usar su poder ilimitado con el fin de llevar a cabo lo que su amor decida hacer.

¿Quién me dice quién soy?

Yo (Tim) crecí en un ambiente dentro de la Iglesia en el que se me dijo que de una manera u otra uno tenía que ser casi perfecto para que Dios me aceptara. A esta manera de ver las cosas para definir nuestra relación con Dios la llamamos "legalismo". Eso, junto con el hecho de que yo era parte de una familia muy grande que enfrentó problemas financieros durante la Gran Depresión de los años treinta, me hizo desarrollar un complejo de inferioridad a la máxima expresión. Veía a todos mejores que yo, sobre todo social y financieramente. Pensaba que nunca sería lo suficientemente bueno para que Dios me usara.

En el último capítulo vimos cómo varias circunstancias pueden filtrar la imagen que tenemos de Dios, dando como resultado un retrato distorsionado de él. Los mismos filtros funcionan con la forma en la que nos vemos a nosotros mismos, como se indica en la figura 8.

La lista de quien soy *en Cristo* podría haber sido mucho más larga. Pero démosle una mirada a esto mismo desde otro punto de vista. Dijimos, en el capítulo anterior, que vivimos en una sociedad demasiado basada en el desempeño. Nuestro estatus en la sociedad a menudo se fundamenta en lo que hacemos o decimos, sea bueno o malo. Constantemente nos comparamos a nosotros mismos con otras personas y nos preocupamos, profundamente, por lo que la gente piensa de nosotros. Nuestro comportamiento es, a menudo, determinado por lo que otras personas dicen que somos o por lo que pensamos que ellos dicen, más que por cómo percibimos nosotros mismos que somos *en Cristo*. Esto es la presión de grupo haciendo su obra otra vez.

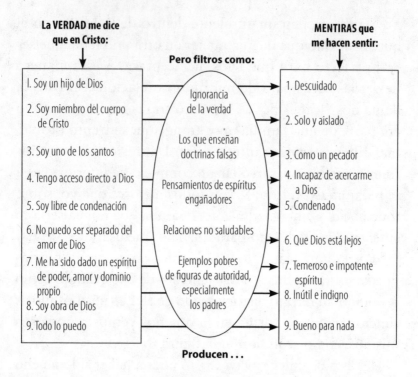

Figura 8: Mi ser visto a través de un filtro

Como todos hemos nacido muertos en nuestros delitos y pecados (ver Efesios 2:1), no teníamos la presencia de Dios en nuestra vida ni el conocimiento de sus caminos. Por lo tanto, tratamos de hacernos de un nombre por nosotros mismos y ganar cierta dignidad de acuerdo al sistema del mundo en el cual hemos sido criados. La base principal para esta búsqueda es nuestra apariencia, desempeño y estatus. Sin embargo, tales intentos de autoverificación siempre se desmoronan frente a la crítica hostil y la introspección morbosa.

Al mismo tiempo, hacemos todas las cosas que no son aprobadas por otros. De hecho, algunos de nuestros mejores esfuerzos son condenados por los demás. Esto puede deberse a pecado puro y llano, pero también a un simple error o incluso a la falta de aprobación de un logro genuino. Un ejemplo de lo anterior es el niño que obtuvo una nota normal en su boleta de calificaciones. Su padre, entonces, le dice que si trabaja duro puede obtener notas más altas. El muchacho se esfuerza y obtiene las notas más altas. El padre le dice que si se esfuerza un poco más podría obtener la máxima calificación en todas sus materias. El niño trabaja durísimo esperando obtener por fin algo de aprobación de su padre. Este vuelve a ver el siguiente reporte de notas y dice: "Probablemente tienes un profesor indulgente".

Se calcula que los niños en Estados Unidos reciben entre siete y diez mensajes vergonzantes por cada mensaje aprobatorio que reciben, aun así, se requieren muchos mensajes aprobatorios para neutralizar el efecto de un mensaje negativo. Si no es la gente quien provee estos mensajes negativos, es Satanás y su ejército de demonios. Satanás es llamado: "El acusador de nuestros hermanos" (Apocalipsis 12:10), y le encanta acusarlos de cualquier cosa que pueda. Parece que cada uno de nosotros tuviera un pequeño demonio sentado sobre nuestros hombros diciéndonos lo malos que somos. Satanás sabe que, si tenemos una percepción mala de nosotros mismos, nos vamos a comportar de maneras negativas. De ahí en adelante, no importa qué nueva verdad aprendamos. A menos que apliquemos la verdad de nuestra identidad *en Cristo*, ninguna cantidad de modificación de conducta nos va a convertir en cristianos guiados por el Espíritu. "Una persona no puede comportarse congruentemente de una manera que no es coherente con cómo se percibe a sí misma".

La experiencia nos dice que muchos, si no la mayoría de los cristianos, van y vienen entre esforzarse arduamente y rendirse, se esfuerzan duro por decir y hacer cosas que les traerán aprobación, pero al recibir suficientes mensajes de desaprobación sienten que ya no pueden más.

Póngase de acuerdo con Dios acerca de quién es usted

Hablamos anteriormente acerca de amarnos a nosotros mismos y definimos eso como decir de nosotros mismos lo que Dios afirma respecto de nosotros. Veamos esto desde el punto de vista de la figura de la adopción con la que comenzamos este capítulo.

La adopción tiene mucho significado para mí (Tim) porque tengo dos hijos adoptados. Mi esposa y yo, cada uno, perdimos a nuestro primer cónyuge a través de lo que pareció ser una muerte prematura. Cuando Dios nos unió, ella llegó con dos niños pequeños de su primer matrimonio. Para adoptar a los niños, tuve que presentarme delante de un juez, que me vio a los ojos y me dijo: "Señor, entiende que, al adoptar estos niños, usted tiene que hacerlos igualmente sus herederos junto con cualquier otro niño que nazca de su matrimonio?".

Yo contesté rápidamente: "Su señoría, entiendo eso y lo acepto con gusto". Mi esposa y yo tuvimos otros dos hijos en nuestro matrimonio, así que tengo cuatro, pero nunca hago distinciones entre ellos. Todos son mis hijos y si leyera mi testamento, usted no va a encontrar ninguna mención de adopción o de hijastros. Tengo cuatro herederos iguales entre ellos.

En Romanos 8:16-17, Pablo dice:

"El Espíritu mismo da testimonio a nuestro espíritu, de que somos hijos de Dios. Y si hijos, también herederos; herederos de Dios y coherederos con Cristo".

¿Entiende esto? Si así es, entonces usted me lleva la delantera. Por el legalismo y el perfeccionismo de mis antecedentes, aunados a mis sentimientos de inferioridad, es difícil pensar de mí mismo como un príncipe en el reino de Dios.

¿Un príncipe o una princesa? Sí, ¿no es eso lo que sería un coheredero del rey? Usted no se ha envanecido si cree esta verdad, pero si no la cree está derrotado.

¿Puede ver por qué Satanás no quiere que usted crea esto? Si lo creyera, y comenzara a vivir como realeza perteneciente al reino de Dios, usted estaría dándole gloria al reino de Dios de una manera que es imposible si se está arrastrando con el rabo entre las patas y diciendo que no es digno. Puede subir un poco de categoría, de *indigno* a *solo un pecador salvado por gracia*. Sin embargo, aunque tener nuestros pecados perdonados es algo muy grande, eso solo es la mitad del evangelio. La otra mitad es entender y aceptar el hecho de que Dios:

> "nos resucitó, y asimismo nos hizo sentar en los lugares celestiales con Cristo Jesús".
> —Efesios 2:6

Este es el regalo de gracia del que ya hemos hablado: el juez perdona al acusado, lo adopta en su propia familia y lo hace su heredero.

Regresando a la idea de esforzarnos y rendirnos, el problema con esa imagen es que no es la forma en la que debemos definir lo que creemos acerca de quiénes somos. Pablo dijo:

> "Porque no nos atrevemos a contarnos ni a compararnos con algunos que se alaban a sí mismos; pero ellos, midiéndose a sí mismos por sí mismos y comparándose consigo mismos, no son juiciosos".
> —2 Corintios 10:12

Debemos obtener nuestra identidad de una fuente completamente diferente, a saber, de lo que somos en Cristo basados en lo que Dios ya hizo por nosotros, no en lo que hemos hecho, sea bueno o sea malo. Entonces podemos reposar en vez de luchar porque la victoria finalmente depende de lo que Dios ya hizo y no de lo que tratemos de hacer.

Hay una ilustración interesante e iluminadora de esto en la vida de un gran misionero y fundador de la misión tierra adentro en China, J. Hudson Taylor. En su juventud, Taylor soñaba con internarse en China, un lugar al que en los años 1850 ningún misionero se había aventurado a ir. Con el fin de prepararse para eso, adoptó un estilo de vida muy disciplinado. Ingería una dieta frugal. Se alejó de toda fuente de dinero para poder aprender a confiar que Dios supliría todas sus necesidades. Era un joven sorprendente. Se fue a China como había planeado. Adoptó el vestuario chino e incluso se dejó crecer el cabello para poderlo usar con una trenza larga e identificarse más completamente con la gente que estaba tratando de alcanzar con el evangelio. Después de un tiempo fundó una misión y le pidió a Dios cien misioneros y suficiente dinero de donaciones en especie para enviarlos y no tener que llevar demasiada contabilidad. ¡Dios respondió su oración! Sin embargo, los registros indican que, cuando Taylor salía a visitar las bases misioneras, se percibía una fuerte tensión entre este súper espiritual y disciplinado líder y los misioneros.

En sus años de madurez, la biografía de Taylor lo cita diciendo: "La incredulidad era, sentía, *el* pecado que condenaba al mundo, sin embargo, caí en él". ¿Hudson Taylor culpable de incredulidad? ¿Cómo podía ser eso? Aparentemente su fe lo había puesto en un pedestal tan alto que ningún mortal ordinario podía apenas tocarlo. ¿De qué estaba hablando? Desde el punto de vista de la discusión presente, él dijo: "He descubierto que estaba en el ciclo fuerte de mi propio esfuerzo para impresionar a Dios, a los demás y a mí mismo, por lo consagrado a Dios que he sido. Pero descubrí que él quiere que repose en lo que él ya hizo por mí y para mí. Simplemente, no estaba creyendo ni recibiendo el regalo de gracia que Dios proveyó para mí en Cristo". Después de que aprendió su lección, la canción favorita de Hudson fue:

> Jesús, estoy descansando, descansando en el gozo de lo que tú eres.
> Estoy encontrando la grandeza de tu corazón amante.
> Tú me has dejado mirarte y tu belleza llena mi alma.
> Porque por tu poder transformador me has sanado.

La historia también reporta que, desde ese momento en adelante, cuando Taylor hacía sus rondas para visitar a los misioneros, la bendición fluía de su vida más que la antigua sensación de tensión. Cuando cambió su manera de ver el cristianismo basado en el desempeño por una relación con su Salvador basada en la gracia, su conducta cambió. Sí, la gente —incluso los misioneros— puede ser que no vivan lo que dicen que creen, pero siempre van a vivir lo que realmente creen.

Pablo hizo un comentario interesante sobre esto en Romanos 5 y, para poner la teología de Pablo en un estante de más fácil acceso, lo citamos de la versión de la *Biblia El Mensaje*:

> Al entrar mediante la fe en lo que Dios siempre ha querido hacer por nosotros (justificarnos; hacernos aptos para él), tenemos todo resuelto con Dios

gracias a nuestro Señor Jesús. Y eso no es todo: abrimos nuestras puertas a Dios y descubrimos en ese mismo momento que él ya nos ha abierto las suyas de par en par. Nos encontramos donde siempre habíamos esperado estar, en los vastos espacios de la gracia y la gloria de Dios, firmes y cantando nuestra alabanza. Hay más por venir: seguimos alabando aun cuando nos acorralen los problemas, porque sabemos cómo pueden estos desarrollar en nosotros perseverancia, y cómo esa perseverancia forja a su vez el acero templado de la virtud y nos mantiene alertas para lo que Dios haga a continuación. En una espera expectante como esta, nunca nos sentimos defraudados, sino todo lo contrario: ¡no podemos reunir tantos recipientes para contener todo lo que Dios derrama con generosidad en nuestras vidas a través del Espíritu Santo!

Eso que afirma el apóstol de que seguimos alabando aun cuando nos acorralen los problemas ¿no le suena a altivez? Es posible, si estuviéramos en el ciclo de trabajo fuerte. Pero no lo es. Eso se basa en lo que Dios ha hecho por nosotros en Cristo. Es el resultado de recibir el regalo de gracia que nos concedió al ser adoptados en su familia. E insisto, no creer esto no es humildad, es incredulidad, a pesar de lo que Satanás quiera decirle en contra.

Los sentimientos de inferioridad con los que la mayoría de nosotros tenemos que luchar son resultado de que somos egocéntricos. La humildad nunca es egocéntrica; la humildad se enfoca en Dios. Es confianza puesta en el lugar correcto, en Dios, no en nosotros mismos. Los sentimientos de inferioridad son la falsificación satánica de la humildad.

Sin embargo, también tenemos que reconocer que el camino a la esperanza y la fe "fuertes y constantes" nos lleva a través de aprender a manejar "las aflicciones". La mayoría de nosotros quisiéramos evitar esa parte del viaje, pero como un Padre sabio y bueno, Dios quiere que sus hijos desarrollen la "fortaleza de carácter", que no puede venir de otra forma. De la manera en la que manejemos las situaciones difíciles de la vida dependerá si nos vemos a nosotros mismos bajo las circunstancias o muy por encima de ellas.

La figura 9 muestra cómo está sentado el creyente en lugares celestiales *en Cristo*. Es desde esta perspectiva que nos vemos a nosotros mismos y a nuestras circunstancias. Las cosas se ven bastante diferentes desde allá arriba. Nuestras oraciones no tienen que pasar del techo. Solamente tienen que llegar al Padre, con quien estamos sentados en una relación de amor. La Biblia se lee con el autor a nuestro lado. Dar testimonio proviene de simplemente vivir nuestra posición como coherederos con Cristo, una posición que nos hace príncipes y princesas espirituales en su reino. Resistir al diablo también es bastante diferente desde esta perspectiva. Si uno *se* ve como víctima al fondo de la gráfica, se vuelve muy renuente a estar firme contra un enemigo espiritual tan por arriba de uno. Pero sentado con Dios en los lugares celestiales, con su mano sobre el brazo del trono de Dios, puede resistirle firme en la fe (ver 1 Pedro 5:9).

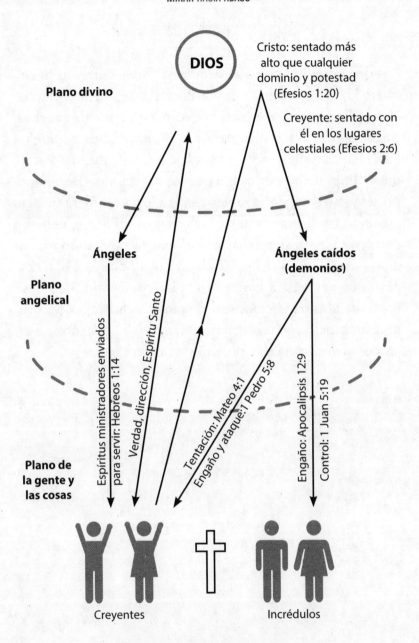

Figura 9: La relación del creyente con Dios

¡Así que siga mirando hacia abajo!

¿Ahora entiende por qué decimos: "Siga mirando hacia abajo"? Todo depende desde donde esté mirando hacia abajo. Estar *en Cristo* cambia su perspectiva de muchas cosas: la oración, testificar, leer la Biblia, resistir al diablo. También cambia su perspectiva hacia el sufrimiento. Pablo dice: "Pues tengo por cierto que las aflicciones del tiempo presente no son comparables con la gloria venidera que en nosotros ha de manifestarse" (Romanos 8:18). Ser coheredero con Cristo significa que hay gloria esperándonos, la gloria que Satanás siempre quiso y que nunca va a obtener, pero que es nuestra herencia segura como hijos de Dios. Pocos de nosotros hemos sufrido tanto como Pablo, así que necesitamos escucharlo cuando trata de ayudarnos a ver las cosas desde nuestra posición *en Cristo*.

OCHO

ENTRENAMIENTO INTENSIVO PARA GUERREROS RENUENTES

Ocho

ENTRENAMIENTO INTENSIVO PARA GUERREROS RENUENTES

Cuando los reclutas entran a las fuerzas armadas, lo primero que hacen es ir al campamento de entrenamiento en tierra si son *marines* o al entrenamiento básico si son soldados. Ahí es donde se preparan física y mentalmente para participar en la guerra. La mayoría de los participantes esperan que no la haya y que no terminen usando las cosas que están aprendiendo (guerreros renuentes), sin embargo, preparación es el nombre del juego. Es verdad que un ejército bien preparado y equipado va a prevalecer sobre otro que está pobremente entrenado y no muy bien equipado.

Ese principio se puede transferir fácilmente a nuestra participación en la guerra espiritual. No puede haber duda alguna de que los enemigos contra los que vamos a pelear han tenido mucha experiencia en este tipo de conflagración. Han sido bien entrenados y han aprendido por experiencia lo que funciona y lo que no. Entrar en combate contra el enemigo sin un buen entrenamiento intensivo sería necio, aun así, eso es lo que muchos están tratando de hacer.

Tu chaleco espiritual antibalas

Cuando se menciona la guerra espiritual, el pasaje de las Escrituras que más fácilmente viene a la mente es Efesios 6, donde Pablo afirma:

> Por lo demás, hermanos míos, fortaleceos en el Señor, y en el poder de su fuerza. Vestíos de toda la armadura de Dios, para que podáis estar firmes contra las asechanzas del diablo. Porque no tenemos lucha contra sangre y carne, sino contra principados, contra potestades, contra los gobernadores de las tinieblas de este siglo, contra huestes espirituales de maldad en las regiones celestes. Por tanto, tomad toda la armadura de Dios para que podáis resistir en el día malo, y habiendo acabado todo estar firmes.
> —Efesios 6:10-13

En esta carta a los Efesios, Pablo ha dicho muchas cosas acerca de esta guerra, y en el capítulo 6 llega a un clímax en el que es muy específico en cuanto a la naturaleza de nuestro enemigo y las cosas que necesitamos hacer para resistir contra él exitosamente. Para comenzar hay que admitir que estamos en una batalla y reconocer que el enemigo es el diablo y su ejército de ángeles caídos. Muy a menudo perdemos el enfoque peleando unos contra otros, pero Pablo nos aclara que la verdadera batalla es contra Satanás. La gente de su tiempo podría entender la naturaleza espiritual de la batalla con mucha más facilidad que nosotros los occidentales del siglo veinte, pero eso no cambia la realidad de la lucha.

Lo siguiente de lo que tenemos que asegurarnos es que tengamos el uniforme apropiado para vestir. Una de las primeras cosas que suceden en el entrenamiento intensivo es la entrega de uniformes, artículos de vestido que han sido diseñados y probados en el campo desde el punto de vista militar. Esta metáfora en cuanto a ponernos la vestimenta espiritual es interpretada por algunos escritores del Nuevo Testamento como aplicable al resto de la vida cristiana en general (ver Romanos 13:14; Gálatas 3:27; Efesios 4:24; Colosenses 3:10-14), pero aquí Pablo la aplica a la guerra espiritual en particular. Nos sugiere, como aconsejó a los efesios:

> Por lo tanto, tomad toda la armadura de Dios, para que podáis resistir en el día malo, y habiendo acabado todo, estar firmes. Estad, pues, firmes, ceñidos vuestros lomos con la verdad, y vestidos con la coraza de justicia, y calzados los pies con el apresto del evangelio de la paz.
> —Efesios 6:13-15

Insisto, las descripciones de las piezas individuales de la armadura romana pueden haber tenido mucho más significado para los destinatarios originales de la carta que para los cristianos de hoy. Respondemos más fácilmente a términos cómo chaleco antibalas, escudo y casco antimotines, cinto de municiones y botas montañeras. Aun así, todos estos términos son figuras literarias para ayudar a asirnos de la verdad básica. Es posible que el mejor resumen de la armadura esté en Romanos 13:14, donde Pablo dice:

"Vestíos del Señor Jesucristo".

El cinto de la verdad, por ejemplo, es claramente Cristo, la Palabra viva de Dios y la expresión de la verdad en las Escrituras. La verdad representa nuestra consagración a seguir el liderazgo de la autoridad legítima. Un soldado que no aprende a seguir órdenes actúa en detrimento de su ejército y puede ser castigado severamente. Hay demasiados soldados en el ejército del Señor que puede ser que, aun cuando no lo digan con tantas palabras viven con una actitud que dice: "Nadie me va a decir lo que tengo qué hacer". Las Escrituras tienen palabras fuertes contra aquellos que se rebelan contra la autoridad legítima (ver 1 Samuel 15:23; Romanos 13:1-5; 1 Pedro 2:13-14). Un buen soldado aprende a seguir órdenes, para su propio bien así como para el bien de sus compañeros. Cristo es Señor y su verdad se convierte en nuestras órdenes de batalla. Sin la verdad no puede haber un plan efectivo para confrontar a este enemigo.

Muchas otras cosas cuelgan del cinto de la verdad, nuestra arma, nuestros cartuchos de municiones, nuestra cantimplora con agua refrescante, nuestro equipo para comer y otros artículos necesarios en la batalla. La coraza o chaleco antibalas es una defensa contra Satanás como acusador (Apocalipsis 12:10). Si nos acusa de pecado y tiene razón, simplemente nos ponemos de acuerdo con el Señor acerca de eso y recibimos su perdón (ver 1 Juan 1:9). Si la acusación no es verdad, le decimos que vaya a la cruz y que ponga allí su queja; y seguimos con nuestra vida, con la confianza de que:

> "Ninguna condenación hay para los que están *en Cristo* Jesús".
> —Romanos 8:1, énfasis añadido

Estar vestido de Cristo es el secreto para triunfar en esta área.

Los cascos los entendemos un poquito mejor. Los utilizamos para practicar ciclismo, patinaje, hockey y fútbol americano, y para trabajos de construcción que requieren su uso, así como para la acción policiaca y militar. Sabemos lo crucial que es proteger la cabeza y el cerebro. Si volvemos a la figura del cerebro como una computadora, cuando esta se congela, nada de lo demás importa mucho. Aun así, no es solo el cerebro lo que importa; sino lo que entra en el cerebro. Lo importante es la manera en cómo la sorprendente computadora dentro de nuestra cabeza esté programada. Si hemos aprendido a llevar todo pensamiento cautivo a la obediencia a Cristo (ver 2 Corintios 10:5), estamos a salvo de los ataques del enemigo en esta parte vital de nuestra vida.

La movilidad es también un elemento clave en la estrategia militar, así que los soldados necesitan buenos zapatos. Pablo se refiere a esta parte de nuestro vestido como: "El apresto del evangelio de la paz". Hay muchas cosas que se pueden decir acerca de esta figura literaria, pero posiblemente la más importante es que debemos estar disponibles para que el Comandante nos envíe a donde quiera en el momento en el que decida enviarnos. El temor no nos controla, solo la palabra de nuestro Líder. No debemos solamente estar dispuestos a ir, debemos estar preparados para ir. Debemos haber terminado el entrenamiento básico y estar listos para recibir las órdenes.

Este ejército no se compone de voluntarios. Dios nunca solícita voluntarios para esta guerra. Todos estamos en ella, lo queramos o no. Él solo busca a aquellos que están listos para someter su voluntad a la de él en cada área de su vida, para que así los pueda usar para recuperar territorio del enemigo. Esta es otra manera de decir que él está buscando aquellos que hacen de Cristo su Señor, los que *se visten* del Señor Jesucristo.

Pero si este es el evangelio de la paz, ¿cómo es que entra en guerra? Nuestra guerra espiritual es contra aquel que le roba la paz a la persona, y el mensaje que traemos es el que le trae paz a esa alma atribulada. El problema es que el enemigo no cede su territorio sin resistencia; nosotros, por lo tanto, tenemos que estar preparados para asegurar la victoria que Cristo ganó en la cruz siempre que nos encontremos con este enemigo. Necesitamos conocer sus tácticas y entrar en la batalla vestidos con *toda la armadura* y equipados con la confianza de que:

"somos más que vencedores por medio de aquel que nos amó".

Romanos 8:37

Las tácticas ofensivas de nuestro enemigo comienzan con tratar de ganar terreno en nuestra vida. Pablo habla de esto en su Epístola a los Efesios cuando dice:

"Airaos, pero no pequéis; no se ponga el sol sobre vuestro enojo, ni deis lugar al diablo".

—Efesios 4:26-27).

Al comentar sobre esto, Clinton Arnold expresó:

Es probable que cualquier actividad pecaminosa con la que el creyente no trate por el poder del Espíritu pueda ser explotada por el diablo y convertida en un medio para controlar su vida. Por lo tanto, los cristianos necesitan oponer resistencia.

Estos avances se logran a través de los pecados de la carne, actividades ocultas, resentimiento y mentiras.

El avance del enemigo que no se reconoce ni se resuelve rápidamente se convierte en una fortaleza, así como una cabeza de playa se transforma en una base para la invasión posterior del territorio enemigo. Una fortaleza puede ser definida como un sistema de mentiras que le dan al diablo poder sobre nuestras vidas. Como dice Arnold, el avance sobre la primera mentira o sobre el primer pecado se convierte en un medio para controlar la vida de una persona. Esto no quiere decir que sean *poseídos* y que no puedan tener vidas normales y razonables. Simplemente significa que Satanás ha establecido una posición desde la cual puede afectar muchas otras cosas en la vida de la persona.

Por tanto, ¿qué hacemos con estas fortalezas?

La estrategia Santiago 4:7

Un pasaje clave para aprender a tratar con fortalezas es Santiago 4:7. El contexto de ese capítulo de Santiago es la lucha del cristiano con el mundo, la carne y el diablo. Y precisamente, en este versículo, Santiago afirma: "Someteos, pues, a Dios; resistid al diablo, y huirá, de vosotros". Por lo tanto, los dos elementos clave para tratar con fortalezas espirituales son la sumisión y la resistencia: resistencia al diablo y sumisión a Dios.

¿Qué involucran estos dos pasos? Los pasos principales para someterse a Dios incluyen: (1) confesar cualquier pecado o participación en el ocultismo, (2) renunciar al pecado y al ocultismo, (3) recibir perdón por esos pecados, (4) perdonar a aquellos que nos han hecho mal, (5) renunciar a las mentiras que hemos creído y confirmar la verdad y (6) consagrarnos a la verdad de Dios como la base de nuestra vida.

Confesar es, simplemente, estar de acuerdo con Dios con cualquier cosa que él llame pecado. Significa decir: "Sí, Señor, eso fue pecado". Nuestra visión del pecado depende de la visión que tengamos de Dios. Si tenemos una visión menguada y defectuosa de Dios, tendremos una visión menguada y defectuosa del pecado. Eso nos lleva otra vez de regreso a donde comenzamos esta discusión de la guerra espiritual: los intentos de Satanás por corromper nuestra visión de Dios.

Habiendo confesado nuestro pecado, hay otras dos cosas que tenemos que hacer en relación con él. Primero, necesitamos renunciar al pecado. Renunciar significa que reconocemos por qué el pecado es verdaderamente pecaminoso y condenado por un Dios santo, y decidimos abandonarlo de una vez por todas. Pablo le escribió a Tito: "Porque la gracia de Dios se ha manifestado para salvación a todos los hombres, enseñándonos que, *renunciando* a la impiedad y a los deseos mundanos, vivamos en este siglo sobria, justa y piadosamente" (Tito 2:11-12, énfasis añadido; ver 2 Corintios 4:1-2). Muchos años antes, Salomón nos dio el proverbio que dice:

> "El que encubre sus pecados no prosperará; mas el que los confiesa y *se aparta* alcanzará misericordia".
> —Proverbios 28:13, énfasis añadido

Muy fácilmente caemos en el ciclo pecado-confesión-pecado-confesión. Pero cuando pequemos debemos confesar, renunciar y luego resistir.

Aun así, también necesitamos recibir perdón. Necesitamos creer que 1 Juan 1:9 es realmente cierto: "Si confesamos nuestros pecados, él es fiel y justo para perdonar nuestros pecados, y limpiarnos de toda maldad". Hay un aspecto en el cual ni siquiera necesitamos pedir perdón. Más bien diríamos: "Sí, Señor, eso fue pecado. Te agradezco que Cristo llevó el castigo por ese pecado en la cruz. Y recibo por fe lo que él hizo por mí".

La segunda etapa de la estrategia Santiago 4:7 es resistir al diablo. ¿Cómo hacemos eso? Algunos enseñan, o por lo menos insinúan, que someterse a Dios es el único tipo de resistencia que debemos oponer. Esa no es la imagen que se nos da en el Antiguo Testamento. Israel tenía que salir y enfrentar al enemigo, aunque el resultado siempre era determinado por lo que Dios hacía no por lo que hacían ellos. Estoy seguro de que ellos habrían estado felices si todo lo que hubieran tenido que hacer fuera sentarse en el campamento mientras Dios peleaba por ellos. Sin embargo, esa casi nunca era la manera en la que funcionaba para Israel, y el mensaje del Nuevo Testamento es que la batalla espiritual para nosotros no es muy diferente.

Es verdad que algunas veces parece que Dios pelea toda la batalla por nosotros. Esos son tiempos maravillosos, pero la historia de la Iglesia nos indica que Dios usualmente nos permite participar de manera activa en esta guerra.

Si Dios peleara todo el tiempo por nosotros, no necesitaríamos la armadura, ni las armas que se nos ordena que nos pongamos y usemos.

Autorizado y equipado para la batalla

Necesitamos recordar que oponemos resistencia desde nuestra posición *en Cristo*. No hay tácticas que puedan echar fuera al enemigo cuando son empleadas por una persona que actúa *en la carne*. Ya hemos hablado de esto en el capítulo 4. Cuando estamos en una relación día a día con el Señor, podemos estar seguros de que operamos con la autoridad divina respaldándonos, y que estamos armados con las armas y las municiones que necesitamos para enfrentar la batalla con confianza.

La primera arma es la Palabra de Dios. Esta es la verdad que anula el efecto de la táctica principal de Satanás, que es el engaño. Es la luz que echa fuera las tinieblas creadas por aquel que:

> "Cegó el entendimiento de los incrédulos, para que no les resplandezca la luz del evangelio de la gloria de Cristo".
> —2 Corintios 4:4

Es la Palabra la que es la: "Espada del Espíritu" (Efesios 6:17). Es especialmente la Palabra que nos apropiamos y hablamos con seguridad y confianza. Juan nos dice en Apocalipsis 12 que los creyentes bajo el ataque de Satanás lo vencieron "por medio de la sangre del cordero y de la palabra del testimonio de ellos" (Apocalipsis 12:11). Las Escrituras no son encantamientos mágicos para que los use cualquiera, pero cuando se usan como el testimonio de quién está *en Cristo* y que ha probado la veracidad de las Escrituras, se convierten en un arma que hace que el enemigo huya.

Muy relacionada a lo anterior está la alabanza de la boca de un hijo de Dios. La alabanza es una forma de testimonio. Es afirmar la verdad acerca de Dios y de la victoria de Cristo. Es gritar victoria antes de que esta se concrete o experimente. Satanás odia la alabanza. Dios es *entronizado* en las alabanzas de su pueblo (ver Salmos 22:3). La alabanza invita a Dios a estar presente, lo que Satanás quiere evitar a cualquier costo. El salmista asemeja la alabanza a una trompeta, una que convoca al ejército celestial a la batalla bajo la dirección del Señor de los ejércitos (ver Salmos 148:14). En otro lugar, el salmista afirma:

> "Te alabaré con todo mi corazón; delante de los dioses te cantaré salmos".
> —Salmos 138:1

La idea es ver a nuestro enemigo a los ojos y hacerlo huir al cantar alabanzas.

La oración es otra arma poderosa contra el enemigo, en Efesios 6, Pablo nos dice que nos pongamos la armadura, tomemos la espada y que entonces oremos. Hubiéramos esperado que dijera: "Ahora peleen". Pablo, claramente, quiere decir que ve la oración no solo como un arma sino como parte de la batalla misma. La oración, a menudo, es el escenario en donde se pelea realmente la lucha en contra de los gobernadores de las tinieblas de este siglo y en contra de las huestes espirituales de maldad en las regiones celestes. Esto es lo que lleva a S. D. Gordon a decir:

> "La oración es el golpe de remate al enemigo oculto. El servicio es recolectar los resultados de ese golpe entre la gente que vemos y tocamos".

Por eso la oración a veces es difícil. Satanás sabe que si puede mantenernos sin orar puede evitar que demos el golpe ganador en nuestra batalla contra él. La gente, a menudo, se queja que cuando tratan de orar, sus mentes divagan, se adormecen, o piensan en una docena de cosas que tienen que hacer. Mi respuesta es: "¡Bienvenido a la guerra!". Cuando se meta a lo grueso de las cosas, donde la batalla decisiva se pelea, usted tiene que esperar que la acción aumente.

Otro factor en cuanto a oponer resistencia al diablo es la sangre de Cristo. Apocalipsis 12:11 dice de aquellos a los que el dragón, el diablo, estaba atacando:

"Y ellos le han vencido por medio de la sangre del Cordero y por la palabra del testimonio de ellos".

Necesitamos tener cuidado al usar la palabra *sangre* o la expresión *cubierto con la sangre* como si tuvieran poder por sí mismas. Como ya dijimos, Dios no usa palabras mágicas ni fórmulas. Aun así, las Escrituras dicen que por la sangre hemos sido redimidos (ver Efesios 1:7), justificados (ver Romanos 5:9), lavados (ver 1 Juan 1:7) y santificados (ver Hebreos 13:12); y por la sangre podemos entrar confiadamente al Lugar Santísimo (ver Hebreos 10:19-22). Si por fe nos hemos apropiado de estas bendiciones, estamos en posición de resistir las acusaciones y ataques de Satanás. Mucho más que eso, estamos en un lugar donde podemos ser parte de la edificación de la Iglesia de Cristo alrededor del mundo, una Iglesia contra la cual Cristo prometió que las puertas del infierno no prevalecerían (ver Mateo 16:18).

Hay otras armas que podríamos identificar, pero una sobresale como esencial para una batalla exitosa: el nombre de Jesús. Insisto, la Biblia es clara en cuanto a que no podemos usar este nombre como una palabra mágica. Para poder hacer cualquier cosa en el nombre de otra persona, hay que tener una relación activa con esa persona y ser comisionado por ella para actuar de su parte. Yo no puedo estar haciendo cosas en el nombre del presidente de Estados Unidos, por ejemplo, porque no he sido comisionado por él para actuar en su representación. Podría pronunciar su discurso, pero nadie le pondría atención. Lo mismo es verdad cuando buscamos actuar en el nombre de Jesús al resistir a los demonios. Ellos tampoco tienen que ponerles atención a nuestras palabras. Los siete hijos de un tal Esceva descubrieron esto de una forma dolorosa:

> "Pero algunos de los judíos, exorcistas ambulantes, intentaron invocar el nombre del Señor Jesús sobre los que tenían espíritus malos, diciendo: Os conjuro por Jesús, el que predica Pablo. Había siete hijos de un tal Esceva, judío, jefe de los sacerdotes, que hacían esto. Pero respondiendo el espíritu malo, dijo: A Jesús conozco, y sé quién es Pablo; pero vosotros, ¿quiénes sois? Y el hombre en quien estaba el espíritu malo, saltando sobre ellos y dominándolos, pudo más que ellos, de tal manera que huyeron de aquella casa desnudos y heridos".
> —Hechos 19:13-16

Hemos sido comisionados por nuestro Señor Jesucristo para ir al mundo y hacer discípulos en todas las naciones, y con esa comisión viene la autoridad necesaria para llevarla a cabo. Eso no quiere decir que podamos ir a cualquier lugar y asumamos la autoridad para actuar en su nombre, sino que cuando vamos al lugar a donde él nos envía, podemos estar seguros de que tenemos la autoridad que necesitamos para resistir al diablo. Esto comienza en nuestra vida personal y en nuestro hogar. Los padres cristianos tienen la autoridad de limpiar y proteger su hogar y su familia. Los cristianos también tienen la autoridad para invadir un territorio ostentado por Satanás y edificar una iglesia. No echamos fuera a los demonios de los lugares a donde vamos. Si pudiéramos hacer eso, plantar iglesias sería fácil. Sin embargo, a través de la oración, el poder del enemigo puede ser atado, y podemos ministrar victoriosamente a pesar de lo peor que el enemigo pueda hacer.

De regreso a lo básico

Los soldados que han estado en combate activo, a menudo, necesitan regresar al campo de entrenamiento para repasar los fundamentos. Muchos soldados cristianos también necesitan regresar a sus fundamentos. Escucharon la enseñanza en algún momento de su crecimiento, pero no la han estado poniendo en práctica. Necesitan un recordatorio. En esta guerra, no hay tal cosa como las actividades seguras de la retaguardia, nuestro enemigo espiritual no reconoce la distancia espacial como nosotros los mortales. Por eso tenemos que estar en buenas condiciones espirituales para presentar batalla en todo tiempo. No nos podemos dar el lujo de pensar que estamos a salvo porque ignoremos al diablo. Tarde o temprano él se aprovechará de cualquier área débil que permitamos que permanezca en nuestra vida. Él todavía viene para robar, matar y destruir (ver Juan 10:10). Pero con el uniforme apropiado y con la habilidad necesaria para usar las armas adecuadas podemos ser más que vencedores.

Así *es* como la esposa de un pastor me describió su experiencia triunfante (Neil):

> ¿Cómo puedo agradecerle? El Señor me permitió un poco de tiempo con usted cuando yo pensaba que ya no había esperanza para que algún día me pudiera librar de la espiral de constante derrota, depresión y culpa.
>
> Habiendo crecido literalmente en la iglesia y sido esposa de un pastor por veinticinco años, todos pensaban que yo estaba tan bien por dentro como me veía por fuera. Al contrario, sabía que no había ninguna infraestructura en el interior y a menudo me preguntaba cuando iba a ser que el peso de tratar de mantenerme en pie iba a hacer que mi vida se desmoronara y cayera en pedazos. Parecía como si solamente la pura determinación era la única cosa que hacía que me mantuviera avanzando.
>
> Cuando salí de su oficina, el jueves pasado, hacía un día claro y luminoso con la nieve visible sobre las montañas, y sentí como si una cubierta hubiera sido quitada de sobre mis ojos. En los altavoces del auto se escuchaba el canto ... "Está bien con mi alma". Las palabras de la canción realmente explotaron en mi mente al darme cuenta de que estaba bien con mi alma por primera vez en muchos años.
>
> Al siguiente día en la oficina... escuché que me decían: "Oye, te ves diferente ¿qué te pasó ayer?".

He estado escuchando los mismos cantos y he estado leyendo los mismos versículos que antes, pero es como si los estuviera escuchando por primera vez. Hay un gozo y una paz en medio de las mismas circunstancias que solían traerme derrota y desánimo... Ya el engañador ha tratado de sembrar pensamientos en mi mente diciéndome que esto no va a durar; que es solo otra artimaña que no va a funcionar. La diferencia es que ahora sé que esas son mentiras de Satanás y no la verdad. ¡Qué diferencia hace la libertad en Cristo!

NUEVE

LISTO PARA LA BATALLA

Nueve

LISTO PARA LA BATALLA

Uno de los mayores desafíos para los comandantes militares es mantener a sus tropas listas para la batalla cuando no están involucradas en un combate real. Cuando los soldados están en una situación de guerra activa saben lo importante que es el acondicionamiento físico y mental, pero cuando están en un lugar seguro en un tiempo de paz es demasiado fácil enfocarse en las cosas que no tienen nada que ver con la milicia. La diferencia entre la guerra militar y la guerra espiritual es que con esta siempre estamos en batalla, nos demos cuenta o no. La diferencia es que en la guerra espiritual el enemigo no puede ser visto. Nuestra lucha no es contra gente de carne y hueso sino contra espíritus del reino de Satanás. La gente puede ser que se involucre en la lucha como los instrumentos que Satanás usa en nuestra contra, pero la batalla verdadera es espiritual. Esto significa que siempre necesitamos estar listos para la batalla. No existe tal cosa como un lugar seguro, si a lo que nos referimos es uno en el que el enemigo no sea una amenaza constante. El único santuario que tenemos es nuestra posición *en Cristo*. No somos víctimas impotentes en esta guerra, pero se nos ha dicho que estemos siempre en guardia porque nunca sabemos cuándo o dónde el enemigo lanzará uno de sus ataques engañosos.

Esta es una guía básica para la guerra espiritual, por eso hemos enfocado nuestra discusión a prepararnos para la batalla a través del entrenamiento espiritual y no hemos entrado a niveles más avanzados de dicha guerra. Muy a menudo los creyentes bien intencionados caen en una de dos trampas. O tratan de mantenerse fuera de la guerra ignorándola o tratan de involucrarse en un nivel para el cual no están preparados. Para ambos, el punto de inicio es reconocer la naturaleza real de la batalla y entonces obtener el entrenamiento necesario para estar listos cuando el Comandante nos llame a una participación más directa.

La guerra puede ser vista desde dos perspectivas: ofensiva o defensiva. Las Escrituras hablan de ambas en la batalla espiritual. Se nos dice, por un lado, que estemos preparados para defendernos de los ataques del enemigo (ver Efesios 6:10-18; 1 Pedro 5:8-9), pero también se nos ordena que oremos: "Venga tu reino" (Mateo 6:10). Si el reino de Dios va a venir, el reino de Satanás debe ser derrumbado (ver Mateo 12:26; Colosenses 1:13; Apocalipsis 9:11; 16:10). Esto implica guerra espiritual. También se nos ordena participar en esa invasión al reino de Satanás. Jesús envía a sus discípulos: "Al mundo" (Marcos 16:15) —el mundo sobre el cual Satanás gobierna— y los envía con el propósito de que las personas:

"Se conviertan de las tinieblas a la luz, y de la potestad de Satanás a Dios; para que reciban, por la fe que es en mí, perdón de pecados y herencia entre los santificados".

—Hechos 26:18

Aun hoy esta Gran Comisión nos sigue diciendo que vayamos y hagamos discípulos (ver Mateo 28:18-20), y podemos hacer eso cruzando el océano o simplemente la calle. Se puede lograr a través de nuestro testimonio en el trabajo o en la escuela. Se puede lograr a través de la intercesión. Se puede lograr a través de la administración de nuestros recursos. En cualquier caso, usted sabe que Satanás no quiere que esto suceda, por lo que va a hacer todo lo que pueda para evitar nuestra fructífera participación en tales actividades.

Por lo tanto, la batalla no está en algún lugar por ahí; está alrededor de nosotros. No entramos a la batalla por primera vez cuando nos involucramos en algún ministerio activo. La batalla se puede intensificar cuando hacemos eso, pero Satanás sabe que puede frenar la participación en el ministerio si puede impedir que recibamos el entrenamiento básico. Dios solo envía obreros que han terminado su entrenamiento intensivo, aquellos que están listos para la batalla. Si no estamos preparados, probablemente no deseemos ir; y si vamos obligados, en vez de ir por la obra clara del Espíritu de Dios en nosotros, nos convertiremos

—probablemente— en parte del problema más que de la solución.

La incompatibilidad entre misioneros es una de las razones principales para la alta tasa de deserción entre los misioneros novatos. Cuando eso sucede, tenemos que reconocer que hay otro espíritu obrando diferente al Espíritu de Cristo. Los creyentes guiados por el Espíritu no van a encontrar que son incompatibles entre ellos. Sí, puede haber diferencias de personalidad, pero esto es parte del plan de Dios. Nos necesitamos uno al otro. Cuando esas cosas hacen que seamos inefectivos en nuestro ministerio, solo puede significar que la personalidad de alguien no está bajo el control del Espíritu o que alguien no está haciendo las cosas a la manera de Dios. El resultado es que Satanás es el único que sonríe con aprobación.

Vimos un ejemplo de esto cuando nos pidieron que ministráramos a un equipo de creyentes involucrados en un ministerio potencialmente productivo. El problema era que había mucho desánimo en el equipo y que algunos recientemente habían abandonado el ministerio. Nos citaron las palabras de uno de ellos: "¿Por qué tenemos que traer a alguien de fuera para que nos hable? ¡No podemos siquiera hablarnos uno al otro civilizadamente!". No tomó tanto tiempo descubrir que había muchas cosas en ese ministerio que, o se habían ignorado, o no se habían visto a través de los ojos de Dios. Muchos aprendieron por primera vez cómo identificarse en su relación con un Dios incondicionalmente amante más que con una familia disfuncional o un equipo ministerial disfuncional. Un líder admitió que solía ponerse a la defensiva cuando se sentía amenazado en sus relaciones con sus colegas, en vez de ser un ejemplo de confianza y de reposo en el Señor. También pudimos identificar fácilmente cierto número de prácticas ocultas en relación con el lugar del ministerio.

Mientras la verdad comenzó a reemplazar los engaños del enemigo y fue puesta en práctica por los individuos, el resultado que nos reportaron fue:

> "Vimos cómo se resolvieron los conflictos interpersonales y los que había en el interior del equipo".

Mientras aprendieron a practicar el perdón y la reconciliación basándose en su relación renovada con el Señor, el equipo ministerial reportó que el cambio era evidente incluso en la manera en la que se llevaban a cabo las juntas de negocios y se realizaban las operaciones del día a día.

El plan de Satanás para la Iglesia es dividir, desanimar y destruir. La historia testifica el hecho de que ha tenido mucho éxito con esa estrategia. La razón para eso ha sido que, por un lado, hemos ignorado sus tácticas (ver 2 Corintios 2:11) y, por el otro, no hemos estado listos para la batalla. A Satanás le encanta ser ignorado. Eso le permite seguir con su trabajo de engaño y evitar que la Iglesia marche como un ejército poderoso, como es evidente que Dios lo pensó desde un principio.

Considere el siguiente testimonio de un pastor que solícitamente se ofreció para contar su experiencia y animar a otros:

En 1993 ... comencé a aplicar sus principios a mis problemas. Me di cuenta de que algunos de mis dificultades podrían ser ataques espirituales, por lo que aprendí cómo estar firme y resistirlos...

Yo era diácono y predicador en una pequeña iglesia bautista. Mi pastor estaba sufriendo de depresión y de otros problemas ... y en 1994 se suicidó. Esto literalmente puso a nuestra iglesia de rodillas...

La congregación me eligió como pastor interino. Mientras tanto, en una librería del lugar, vi un libro de usted (Neil), llamado *Libertando a su iglesia*. Lo compré y lo leí. Y sentí que esa era la respuesta a toda la opresión espiritual que había en nuestra iglesia. Solo tenía un problema, ¿cómo hacer que el resto de la iglesia lo creyera?... El pastor anterior nunca hubiera leído ni escuchado su mensaje.

Poco a poco, muy lentamente, la gente comenzó a aceptar mis mensajes, y (Mike Quarles) dirigió a los líderes de nuestra congregación a través del capítulo de su libro que habla de "Liberar a su iglesia". A los líderes les encantó... Seis semanas más tarde, pude llevar a toda la gente a través de los "Siete pasos a la libertad". Realmente no lo entendía, pero fueron hechos libres del cautiverio espiritual de múltiples problemas. Lo podría poner todo eso en una carta porque más bien, estaría escribiendo un libro.

Durante todo esto uno de los miembros por más de cuarenta años, que anteriormente fue evangelista, fue hecho libre y aprendió quien es él en Cristo... ya está de regreso en el ministerio ... Vi a las dos hijas gemelas del pastor fallecido ser liberadas y ser capaces de perdonar a su padre ... En cierto punto, una de las gemelas había estado considerando suicidarse.

Esta es una nueva iglesia; ¡Dios es libre para trabajar aquí!

Estamos en una guerra, lo queramos o no. La cuestión es si vamos a lucharla bien, pobremente o si ni siquiera lo vamos a intentar. Nuestro Comandante ha provisto la mejor armadura y las armas, aun así, solo nos darán la victoria cuando las usemos. Si usted no ha estado en un entrenamiento espiritual intensivo, la lista de *lecturas selectas* al final de este libro es un buen lugar para comenzar y *Los pasos hacia la libertad en Cristo* (un pequeño folleto) lo guiarán a aplicar la verdad a áreas clave de su vida. No le dé al enemigo la satisfacción de neutralizarlo en esta batalla.

MICHELLE MCCLAIN-WALTERS

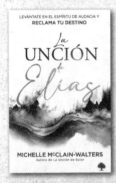

 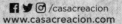

Para vivir la Palabra

/casacreacion
www.casacreacion.com

CASA CREACIÓN

Te invitamos a que visites nuestra página web, donde podrás apreciar la pasión por la publicación de libros y Biblias:

www.casacreacion.com

@CASACREACION
@CASACREACION
@CASACREACION

Para vivir la Palabra